实践教学视角下的
国际事务与国际关系学

郭依峰 等 著

图书在版编目（CIP）数据

实践教学视角下的国际事务与国际关系学/郭依峰等著.—北京：知识产权出版社，2021.12
ISBN 978-7-5130-7963-1

Ⅰ.①实⋯　Ⅱ.①郭⋯　Ⅲ.①国际政治—研究②国际关系学—研究　Ⅳ.①D5 ②D80

中国版本图书馆 CIP 数据核字（2021）第 257008 号

内容提要

本书是北京第二外国语学院政党外交学院专业综合改革的阶段性成果之一，包括国际事务与国际关系学的学科特点及学科建设、国际事务与国际关系学相关课程的思想政治化建设探索、国际事务与国际关系学在线教育实践等内容，可供国际政治、国际关系学科领域的教师、研究者阅读。

责任编辑：高　源　　　　　　　　　责任印制：孙婷婷

实践教学视角下的国际事务与国际关系学
SHIJIAN JIAOXUE SHIJIAO XIA DE GUOJI SHIWU YU GUOJI GUANXI XUE
郭依峰　等著

出版发行：	知识产权出版社有限责任公司	网　址：	http://www.ipph.cn
电　话：	010-82004826		http://www.laichushu.com
社　址：	北京市海淀区气象路 50 号院	邮　编：	100081
责编电话：	010-82000860 转 8701	责编邮箱：	laichushu@cnipr.com
发行电话：	010-82000860 转 8101	发行传真：	010-82000893
印　刷：	北京中献拓方科技发展有限公司	经　销：	各大网上书店、新华书店及相关专业书店
开　本：	880mm×1230mm　1/32	印　张：	4.875
版　次：	2021 年 12 月第 1 版	印　次：	2021 年 12 月第 1 次印刷
字　数：	130 千字	定　价：	69.00 元

ISBN 978-7-5130-7963-1

出版权专有　侵权必究
如有印装质量问题，本社负责调换。

序
preface

　　本书是北京第二外国语学院政党外交学院专业综合改革的阶段性成果之一。北京第二外国语学院政党外交学院前身是1967年成立的国际关系教研室，1998年改设国际政治系，2013年改为国际关系学院，2015年改组为政党外交学院。学院目前拥有国际政治、国际事务与国际关系、外交学三个专业。

　　政党外交学院突出"专业＋语言""专业＋区域国别""专业＋跨文化交流"培养特色，大力培养外交外事人才及国际组织人才。国际政治专业是北京第二外国语学院针对北京市"双培项目"的第一批试点专业。2011年获批的国际事务与国际关系专业是全国公立院校第一个新专业，并于2020年入选北京市一流本科专业建设点。国际事务与国际关系学的学科建设成为北京第二外国语学院专业综合改革的重点。

　　为了实现学校学科建设综合改革的目标，北京第二外国语学院的教师们投入了极大的热情与努力，也取得了丰硕的成果。本书集结了成果中比较优秀的内容,希望国内外同行批评指正。

本书共分六章:第一章"国际事务与国际关系学的学科特点及学科建设"由郭依峰、徐亮撰写;第二章"国际事务与国际关系学相关课程的思想政治化建设探索"由徐亮撰写;第三章"国际事务与国际关系学案例研究"选择了四个案例,由柳思思、徐亮、肖洋撰写;第四章"国际事务与国际关系学教学经典精读实践分析"由梁健撰写;第五章"国际事务与国际关系学在线教育实践:SPOC 教学模式的综合运用"由郭依峰撰写;第六章"国际事务与国际关系学教学实证探索与框架设计:软权力与综合国力的分析示范"由郭依峰撰写。

在国际事务与国际关系学学科建设过程中,我们走过了一些弯路,但在一些新领域也作出了一些有益的尝试,希望这些经验与不足能够被同道者分享,尽量缩短这一年轻学科的建设历程,为其学科建设出一点微薄之力。

郭依峰

北京第二外国语学院

2021 年 9 月 10 日

目录
contents

第一章　国际事务与国际关系学的学科特点及学科建设 ⋯⋯ 1
  第一节　国际事务与国际关系学的学科特点 ⋯⋯⋯⋯⋯ 3
  第二节　国际事务与国际关系学本科专业建设 ⋯⋯⋯⋯ 12
  第三节　政党政治与政党外交硕士专业学科建设 ⋯⋯⋯ 15

第二章　国际事务与国际关系学相关课程的思想政治化建设探索 ⋯⋯⋯⋯⋯⋯⋯⋯⋯⋯⋯⋯⋯⋯⋯⋯⋯⋯ 21
  第一节　设计原则 ⋯⋯⋯⋯⋯⋯⋯⋯⋯⋯⋯⋯⋯⋯⋯ 23
  第二节　教材的选择与内容设计 ⋯⋯⋯⋯⋯⋯⋯⋯⋯⋯ 25
  第三节　教学过程管理 ⋯⋯⋯⋯⋯⋯⋯⋯⋯⋯⋯⋯⋯ 28

第三章　国际事务与国际关系学案例研究 ⋯⋯⋯⋯⋯⋯⋯ 31
  第一节　案例1："国际政治学方法论"课程的过程追踪分析法 ⋯⋯⋯⋯⋯⋯⋯⋯⋯⋯⋯⋯⋯⋯⋯⋯⋯ 33
  第二节　案例2：角色扮演在国际事务与国际关系学教学过程中的应用 ⋯⋯⋯⋯⋯⋯⋯⋯⋯⋯⋯⋯⋯ 40

第三节　案例3：档案的历史精神对国际事务与国际关系学教学的启示和作用 …………………… 49

第四节　案例4："当代中国外交"教学中的研讨式教学法 …………………………………………… 54

第四章　国际事务与国际关系学教学经典精读实践分析……… 71
第一节　基础准备 ………………………………… 74
第二节　精读分析 ………………………………… 80
第三节　中西比较 ………………………………… 90

第五章　国际事务与国际关系学在线教育实践：SPOC教学模式的综合运用 ……………………………………… 99
第一节　从MOOC到SPOC …………………… 101
第二节　与SPOC平行的其他教学模式 ………… 106
第三节　SPOC混合式教学模式运用的理论基础 …… 109
第四节　SPOC混合式教学模式下教学方式与学习路径的选择 ……………………………… 112
第五节　学习过程的详细设计方案 ……………… 114
第六节　教学效果的量化测试 …………………… 117

第六章　国际事务与国际关系学教学实证探索与框架设计：软权力与综合国力的分析示范 …………………… 121
第一节　案例设计的基础：相关变量的定义与选择 … 124
第二节　分析模型的建立 ………………………… 138
第三节　分析结果的运用 ………………………… 145

第一章

国际事务与国际关系学的学科特点及学科建设

第一节　国际事务与国际关系学的学科特点

2012年9月，中华人民共和国教育部颁布了《普通高等学校本科专业目录（2012年）》。与1987年、1993年、1998年版本不同的是，2012年版专业目录在"政治学类"之下增加了编号为030204T的"国际事务与国际关系"特设专业。该专业的学科特征与性质在当时并未引起学界的关注。在此之前，2011年，北京第二外国语学院（以下简称"二外"）首先获批国际事务与国际关系专业设置，并于2011年迎来第一批本科生，比教育部2012年颁布的本科专业目录早一年。随着该专业进入教育部特设专业目录，国内出现了新建该专业的小高潮。暨南大学、湘潭大学、广西民族大学等高校纷纷设立国际事务与国际关系专业，在社会上引起了不小的反响。那么，国际事务与国际关系专业的特征是什么？有没有相对独立的本体特征？本书认为，国际事务与国际关系专业与国际关系专业、国际政治专业既有联系又有区别，具有相对独立的本体特征。

一、国际事务与国际关系专业的特点

国际事务与国际关系专业和国际关系专业、国际政治专业无疑有很多共同点。实际上，国际事务与国际关系专业更接近国际关系专业，但是国际事务与国际关系专业和传统的国际关系专业相比，增加了"国际事务"这个词语，并置于"国际关系"词语之前，反映了国家的教育导向。具体来说，国际事务与国际关系专业的特点有以下几个方面。

1. 强调技术性和应用性，淡化理论性

国际关系专业经过多年的发展，虽与西方同行的研究水平相比仍有较大差距，但纵向来看，相比20世纪后半叶的中国国际关系专业学科状况，其已经进入了相对成熟的时期。在国际关系专业领域，产生了一批具有国内外重大影响力的学者，如王逸舟、秦亚青、时殷弘、倪世雄、阎学通等[1]，并形成了青壮年学者梯队；初步编著了一系列方法论、本体论的教材，在国内外出现了大量颇有影响力的国际关系著作；由于"中国国际关系研究

---

[1] 魏姝.政治学研究领域学者和机构的学术影响分析——基于CSSCI（2005—2006年）数据[J].西南民族大学学报（人文社科版），2009（2）：35.在该文中，作者将政治领袖和国外的学者排除掉，发现政治学论文引用最多的前50名作者中当代中国学者仅有10位，包括王逸舟、俞可平、秦亚青、时殷弘、徐勇、林尚立、陆学艺、倪世雄、李强和阎学通，其中陆学艺的主要研究领域为社会学。

第一章　国际事务与国际关系学的学科特点及学科建设

坚持的方向，中国国际关系研究要维持学科的自尊与独立，必须提高学科介入的'门槛'"❶，因而初步形成了国际关系专业特有的概念操作、理论逻辑和研究路径，形成了独立的专业特征。国际关系学者在该专业的多年发展中，注意提高学科的准入门槛，高度关注学科科学性特征，从而推动了国际关系专业的学习和研究向理论化、精英化方向发展。国际关系专业走向独立的学科特征，对国际关系专业的发展和成熟是一大幸事，但也带有一些弊端，即应用性和技术性不足。在强理论性、强科学操作性思路下培养出来的本科生，在就业市场陷入了应用性困境。❷ 尽管国际关系专业本科生就业难是由大学生找工作难的整体社会环境决定的，但是随着中国对外开放程度的提高，带着"国际"字号光环的国际关系专业在就业上应相对较好才符合逻辑。这些问题表明，政治学类下设的各个专业，应进一步对本科生培养和研究生培养进行区分。国际事务与国际关系专业的出现，适应了这一需要。有学者认为，"'地方化''次国家化''非政府化'或'公共政策化'的国际关系研究，是我国国际关系研究有待开拓的新领域，也是国际关系专业本科生日后就业竞争力中的一个重

---

❶ 苏长和．为什么没有中国的国际关系理论 [J]．国际观察，2005(4)：36.

❷ 根据就业市场的分析，2008年金融风暴过后，国际关系专业被列入了就业困难的十大专业。参见李晓蕾．经济危机下的大学生就业现状及策略研究 [J]．中小企业管理与科技（下旬刊），2009(11)：12；张纯．新形势下高校毕业生就业指导趋势的分析 [J]．经济研究导刊，2010(11)：33．此外，2009年开始，国际关系专业生源出现了罕见的萎缩现象，个别名校的国际关系专业开始停招本科生，国际关系专业的学生就业形势惨淡，甚至与不少冷门学科的就业率平齐。参见王文．中国国际关系学面临三大危机 [J]．中国社会科学报，2010-05-06．

要内容"❶，而国际事务与国际关系专业进一步强调应用性、实践性和技术性，注重将国际关系的研究成果转化为本科生也能够进行操作的实务，有助于将相对发展成熟的国际关系理论应用到实践中来。二外强调国际事务与国际关系专业的外语特长，天津外国语大学滨海外事学院强调专业与滨海新区需求结合，都是国际事务与国际关系专业灵活地与应用需求贴近的实例。

2. 强调公共事务性，淡化政治性和民族性

国际关系专业、国际政治专业、外交学三个专业都带有公共事务的特征。我们习惯将国际社会按照活动主体区分为国家、国际组织、非政府组织和个人。国际政治专业一般是指国家间活动，而外交学则以一国政府为活动主体开展对外活动。这些与国际关系专业包含国际组织、非政府组织和国际社会及个人有着显著不同，表现在国际关系专业对非政府组织和国际社会及个人作用的强调上。国际事务与国际关系专业继承了国际关系专业这一取向，进一步淡化了政治色彩，将带有国际公共性的问题作为自己的研究对象，强调国际社会中的共性问题，超越传统的国家利益，关注国际公共利益。这一点与中国国际地位的提升，国际社会要求中国承担更多的国际责任、保护更多的国际公共利益、提供更多的公共产品有着较强的逻辑联系。

---

❶ 庄礼伟.涉外公共政策：学科建设与教学实践[J].东南亚研究，2004（3）：18.

3. 强调问题的解决导向，淡化问题的解释倾向

如果说"哲学家们只是用不同的方式解释世界，而问题在于改变世界"❶，这从意识形态上影响到执政党的文化取向，那么"经世致用"等口号则反映了中国文化根深蒂固的实用思维。从传统和现实、上层与民间多个维度来审视，要求国际关系学科不仅要试图解释国际问题，还要试图解决国际问题，提供全球问题解决方案，实现一定程度上的全球治理，这对国际关系专业提出了"深化和扩展"的更高要求。从中国古典思维的角度出发，如果说以往国际关系专业追求"道"，那么国际事务与国际关系专业则倾向于如何使用已经初步"悟"到的"道"来实现儒家所言的"出世"。面对纷繁复杂的国际现象，国际关系使用各种规范理论进行阐释，使人获得知识。而对于这些知识，应进一步关注其应用价值，使之向政策学、管理学渗透。

4. 强调学科专业的开放方向，淡化专业的自我封闭倾向

国际关系专业自改革开放进入了发展的新时期，强调独有的学科特征，也从历史学、经济学、新闻传播学等多个学科汲取了大量的营养，借鉴了不少的概念和方法。国际关系专业在初步形成独有的学科特征、提升学科准入门槛的同时，也逐步带有自我封闭的倾向，不利于国际关系学科的深入发展。国际事务与国际关系专业尽管无法解决这一问题，但其横跨经济学、政治学、管

---

❶ 中共中央马克思恩格斯列宁斯大林著作编译局. 马克思恩格斯选集：第1卷[M]. 北京：人民出版社，1995：57.

理学、新闻传播学等多个学科,将各类学科对于国际公共事务问题的思路、模式和方法统筹于国际关系之中融合、转化、提升,成为国际事务与国际关系特定的解决问题思路和对策,从而出现了国际关系理论统筹各学科"位居其上"的局面。国际事务与国际关系专业将国际关系研究成果反馈给其在发展历程中有所借鉴的那些学科,进一步相互交叉和融合,促进专业的开放,降低了专业的自我封闭倾向。

除了以上几个差异外,国际事务与国际关系专业和国际关系、国际政治、外交学等专业的差别还在于,进入21世纪,在国际环境和中国教育政策导向发生变化的前提下,国际事务与国际关系专业更强调中国参与国际事务与国际关系能力的塑造和应用。与国际关系专业学者的"参谋"传统不同,国际事务与国际关系专业培养的是既具备国际关系专业知识,又能直接从事国际公共事务的管理型人才。也就是说,尽量减轻国际关系专业与社会具体事务脱节的程度,使本科生在大学期间受到一定的职业化实践训练。

二、国际事务与国际关系专业的性质

国际事务与国际关系专业具有一些独有的特点,试总结如下,以便读者加深对国际事务与国际关系专业的理解。

1. 国际事务与国际关系学强调"以公管公"

在国际活动中,外交学倾向于通过国际社会满足国家利益的需要，而国际事务与国际关系学则强调借助于国际公共组织，包括国际政府间组织和跨国非政府组织来应对、管理国际公共事务，着重于"以公管公"，在实现国际公共利益的过程中道义地实现国家利益，使国家利益"取之有道"。这也是阎学通"道义现实主义"❶主张的内容。

2. 国际事务与国际关系学优先关注"国际重大但不紧迫问题"

国际关系学者将国际问题区分为四类："第一类是重大而紧迫的问题，第二类是重大但不紧迫的问题，第三类是无关全局但紧迫的问题，第四类是无关全局并且也不紧迫的问题。"❷ 如果说国际政治学和外交学，特别是国际危机问题倾向于解决"重大而紧迫"和"次要但紧迫"的问题，那么国际事务与国际关系学则除了这两个问题外，优先关注"重大但不紧迫"的问题。例如雾霾，在短时间内不会立即造成大量人员伤亡，因此其紧迫性远远不如叙利亚内战和乌克兰危机。但是雾霾作为环境政治却是一个重大的问题，具有国际公共事务的长远效应。在国际政治关注传统安全的基础上，国际事务与国际关系学将跨国领域的非传统安全作为自己的优先考虑对象。

3. 国际事务与国际关系学教学致力于角色扮演实践

由于国际事务与国际关系专业强调应用性与技术性，因此在授课方式上，国际事务与国际关系学致力于在学生学习过程中

---

❶ 张锋.中国国际关系研究中的清华路径[J].国际政治科学，2012（12）：27.
❷ 冯维江.全球治理宜分轻重缓急[J].世界知识，2011（23）：31.

开展角色扮演。例如，在"外事礼仪"课程中，教学者亲自演示礼仪的过程，甚至具体到外宾接待中的调酒、打领带等操作性细节。通过模拟商务谈判、外宾接待等活动，致力于培养学生的涉外能力，提高他们从事国际公共事务的兴趣。在特殊情况下，国际事务与国际关系学教学还聘请高端国际事务与国际关系人才为学生授课。

4. 国际事务与国际关系学侧重对国际问题导向的结构性调整

由于国际事务与国际关系学面向国际社会需要解决的各类问题，因此国际事务与国际关系学紧跟国际热点问题，但是在结构方面有所调整。除了国际热点问题外，国际事务与国际关系学也较多地关注国际上长期、重大但非新闻焦点的问题，避免国际事务与国际关系学受到媒体议程的影响。

三、国际事务与国际关系专业发展的障碍与问题

国际事务与国际关系专业作为新设置的专业，有着显著的知识储备和政策环境优势。其建立于国家更加开放、更加国际化的需求上，有经过长达40多年改革开放环境的哺育。它的天然优势还在于国际政治、国际关系专业发展已接近40年，积累了丰富的人才、教学经验。然而，尽管具备了以上优势，国际事务与国际关系专业的发展仍面临着若干障碍和问题。

1. 国际事务与国际关系专业和国际关系专业在培养层次上的衔接问题

由于国际事务与国际关系专业的本科生并非都直接从事外

事活动,相当比例的学生选择了继续深造,因此继续深造的学生如果也以应用性为主要方向,那么显然不符合国际关系专业科学化、拔尖化的需求。从考研需要及学界认可度而言,国际事务与国际关系专业学生的培养应做到:一方面对有考研需求的学生在理论素养方面提出较高要求,另一方面对直接就业的学生着重培养实践性和应用性。

2. 国际事务与国际关系专业如何避免成为国际关系专业的复制品

由于国际事务与国际关系专业与国际关系专业、国际政治专业密不可分,如何避免把国际事务与国际关系专业办成国际关系专业的简单复制品,如何在课程设置、培养方法方面进行认真、细致的改革,使其具有独立的专业性质,是亟须解决的问题。由于国际关系专业在该领域中占据绝对的学缘、人才、资金优势,形成了一个强大的"既有专业格局",如何超越这一优势格局,难度甚大。

3. 如何形成全国性的国际事务与国际关系专业共享平台

在国际关系专业的多年发展中,教师们通力合作,把分散的科研能力凝聚起来,形成拳头效应,是保证国际关系专业建设成效的基本经验。国际事务与国际关系专业要和外交学、国际关系学、政治学等专业一样,形成全国范围内的学科群和集体优势,建设诸如"外交学年会"等全国国际事务与国际关系专业交流机制,尚存在一定的问题和困难。在设立"国际事务与国际关系年会"、合办"国际事务与国际关系研讨会"、增强影响力方面，国际事务与国际关系专业尚有漫长的路要走。

当然，国际事务与国际关系专业在国内作为一门新兴专业（西方国家早已设置该专业），有着广阔的发展前景。加强国际事务与国际关系专业的教学研究、本体论研究迫在眉睫。国际关系学界要抓住这一契机，继续推进国际事务与国际关系学科向纵深发展，不辜负国家和社会的期望。

第二节 国际事务与国际关系学本科专业建设

2014年2月25日，习近平总书记在北京市考察工作，就推进北京发展和管理工作提出要求，特别指出北京要明确城市战略定位，坚持和强化全国政治中心、文化中心、国际交往中心、科技创新中心的核心功能，深入实施人文北京、科技北京、绿色北京战略，努力把北京建设成为国际一流的和谐宜居之都。为了落实习近平总书记的讲话精神，北京市政府明确了北京发展的四个核心功能：政治中心、文化中心、国际交往中心和科技创新中心。作为北京市属高校的北京第二外国语学院，服务和推动北京的发展义不容辞。因此，服务北京"国际交往中心"战略定位，成为学校学科发展的重点之一。学校明确提出了"以面向国际文化交流的人才培养和研究为统领"的发展战略与国家政策取向保持高度一致。

第一章　国际事务与国际关系学的学科特点及学科建设

国际事务与国际关系学是北京第二外国语学院首创的学科，具有明显的优势。

第一，体现了二外的创新性。根据对国内外语类院校及设有国际政治学科的院校专业情况的综合考察，国际事务与国际关系学具有一定的创新性。同时，该创新性与国际关系专业有一定关联，拥有雄厚的学科建设基础。

第二，与北京市的定位相符。北京市的定位是"国际交往中心"，国际事务与国际关系学研究的政治、法律、文化、政党等内容与北京的定位和发展战略完全符合，体现了为北京市服务的精神。

第三，与一级学科有较强的契合度。外国语言文学专业下设的英语语言文学、德语语言文学名称都体现了"学"的性质，而国际事务与国际关系学体现了"外"字，涵盖国内、国际从事外国语言文学教学、研究、工作所需要掌握的知识。

第四，与国际政治、国际关系有紧密的学缘关系。国际事务与国际关系学与国际关系、国际政治两个专业具有紧密的学缘性。从学科角度来看，国际关系、国际政治范围更大，国际事务与国际关系学具有更强的指向性，重点研究国际交往层面发生的事务，关注国家之间动态交往层面的问题。因此，国际事务与国际关系学更需要国际政治、国际关系的学科基础。

第五，内涵具有很强包容性。国际事务与国际关系学涵盖国际政治、法学、政党学、外交学、经济学等多个学科，使该学科点具有较为广阔的发展空间。

第六，实现了学术性与实用性的有机结合，容易获得学界认可。国际事务与国际关系学的学生培养既重视国际政治、国际关系基础理论，又强化国际交往实践的技能训练，实现了学术性与实用性的有机结合，符合我国高等教育发展的新思路和新趋势。

在北京建设"国际交往中心"的过程中，国际化人才的明显不足成为其发展瓶颈。国际事务与国际关系学学科具有满足国际交往需求的学科属性，能够适应国家和北京市对国际交往事务人才的迫切需求，具体体现在以下几个方面。

一是满足国家对国际交往人才的需求。目前，对外交往中熟悉国际交往规则、了解对象国国情、掌握国际交往手段、具有从事国际交往实践经验的人才短缺，难以满足国家对外交往和北京市打造"国际交往中心"的发展需要。通过建设和发展适应国家和北京市急需的国际事务与国际关系学专业，能够不断为国家涉外事业输送更多优秀的急需的人才。

二是服务北京建设"国际交往中心"的战略目标。建设国际事务与国际关系学契合北京市的城市定位和发展战略。由于北京市市属高校中明确定位为为北京"国际交往中心"服务的学科点还处于空白阶段，因此为了满足北京市国际交往人才培养和学科布局的需要，作为长期为首都培养外语外事人才的北京第二外国语学院应该承担起这份重任。培养国际事务与国际关系学人才能为北京市国际交往中心的构建提供专业人才，特别是能满足北京市对国际化人才的发展需求，符合党的十八大以来重视文化外交、民间外交、政党外交的发展趋势。

三是发挥二外外语和国际政治的学科优势。国际事务与国际关系学内含国际交往所需要的语言工具、谈判技巧、翻译能力，内在地体现了二外语言学科和国际事务与国际关系学科的集体优势。二外可为国际事务与国际关系学学生提供强大的语言优势依托平台。通过学科点建设，可以促进学校的特色和优势学科的发展。

四是整合国际政治、法学、思想政治学科的优势资源。以国际事务与国际关系学学科点建设为龙头，依托国际政治学科，整合国际政治、法学、思想政治学科的集体优势资源，设置4个研究方向，有利于最大限度发挥集体的聪明才智。二外国际政治学科近三年来是全校科研成果最多、对学校科研成果贡献巨大的学科。以国际政治专业和国际事务与国际关系专业为主体的学科点建设具有极大的优势和发展潜力。

五是符合社会的预期，有助于促进招生和就业。从本科国际事务与国际关系学专业招生情况来看，国际事务与国际关系学对考生和家长具有很强的吸引力。北京市和其他省市相关的一些单位也表示，涉外文化交流急需国际事务与国际关系学方面的人才。因此国际事务与国际关系学有助于招生和就业。

第三节 政党政治与政党外交硕士专业学科建设

政党政治通常是指一个国家通过政党行使国家政权的形式，广义上包括各国政党为实现其政纲和主张而展开的一切政治活动和斗争。政党政治主要表现在三个方面：第一，政党以各种方式参与政治活动，就国内外重大政治问题发表意见，对国家政治生活施加影响。第二，政党争取成为执政党，然后通过领导和掌握国家政权来贯彻实现党的政纲和政策，使自己所代表的阶级或阶层、集团的意志变为国家意志。这是政党政治的核心。第三，政党处理和协调与国家及与其他政党、社会团体和群众之间的关系。政党外交是现代外交方式的一种，是指包括国际性和地区性跨国政党组织在内的各国政党，在对外交往，特别是与其他政党进行交往的过程中所表现出来的政策取向、价值判断和具体实践。

政党政治和政党外交是当今国际政治领域中的普遍现象，政党政治的普及为政党外交提供了坚实的基础和广阔的国际活动空间。政党外交是政党政治在国际政治领域中的重要表现形式，而且政党外交是国家总体外交的重要组成部分，在国家总体外交中发挥着重要作用。中国的政党外交是国家总体外交的一个重要组成部分，为促进中国与世界其他国家关系的发展，为争取良好的国际环境，为维护世界和平作出了重大贡献。

政党外交是国际交往事务的重要组成部分。政党外交与国际交往事务既有区别又有联系。传统的国际交往主体是主权国家，随着全球化的发展，现代国际交往的内容和形式更加丰富和多样化，现代外交已经冲破了传统和单一的外交形式，发展为总体外交。政党虽然不是传统意义上的国际法主体，但是由于其在国际政治中作为一国权力的主角，因而政党政治成为影响政府外交决策的重要变量。政党的国际影响力和作用决定了其是国际交往的新型主体，政党外交是政党作为外交参与者的必然结果。因此，政党外交是政党这一新型主体参与国际交往的形式，研究政党外交体现了时代发展的要求，也是对传统的国际交往研究的重要补充。

随着政党外交在国际社会作用的日益突出，各国都在密切关注这一相对较新的外交形式。政党外交作为政府外交的重要组成部分，受到各国政府和学界的高度重视。西方国家尤其是美国对这一领域的研究较早，西方的一些著名研究机构和智库长期致力于政党政治和外交的研究，如美国的布鲁金斯学会、卡内基基金会等，他们对于政党外交的理论和实践研究取得了一系列可观的成果。

中国共产党历来重视与世界各政党发展正常的党际关系，将党际关系放在中国对外关系的全局之中，并将党际关系视为国家对外关系的重要组成部分。中国独具特色的政党政治一直是近年来学界研究的热点，学界对于中国特色政党政治的研究内容十分广泛，取得了丰硕的成果，为中国特色的政党外交研究奠定了雄厚的基础。21世纪以来，政党外交的研究进一步发展，政党政治与外交方向的专著、论文数量逐年增大。

从事政党政治与外交方向研究和教学的研究机构和高校逐渐增多，主要有中共中央对外联络部、中共中央党校、外交学院、中国人民大学、北京师范大学、内蒙古大学、山东大学、郑州大学、南京师范大学、武汉大学、南京政治学院、新疆师范大学、安徽财经大学等。

国际事务与国际关系学设置的基本宗旨是为中国共产党的对外联系与交往提供理论和政策支持，为中国政党外交的健康发展建言献策，为中国共产党的发展和对外联络提供专门化的特色人才。

随着中国经济的迅速发展和国力的提升，中国特色社会主义理论及中国共产党的治国理念日益受到国际社会的认同和关注，中国共产党与国外政党的交往日益密切，产生了对政党政治与外交方向的专业化人才需求。目前，从事政党外交理论研究与实践活动的人员存在的问题主要是学术背景不够专业，尤其是在政党外交一线的工作人员往往缺乏专业的政党理论支撑，也欠缺外交礼仪、外交规则等专门知识储备，不利于党的对外交往工作深入开展。这一专业方向培养的学生不仅具备马克思主义的基本理论和素养，也掌握了专门的政治学和外交学理论知识，熟悉各国政党的历史和现状，因而该专业方向培养的人才可以更好地承担政党外交的理论研究工作，也能更好地胜任外交领域的实践活动，可以为各大研究机构提供从事理论研究的专门人才，也能为中共中央对外联络部等相关党政机构提供专门化的高层次人才。

政党政治与外交方向的培养目标是具有坚定的共产主义信仰，德、智、体全面发展，具有坚实的外语基础，熟练掌握马克思主义基本原理和中国共产党的理论体系，熟悉主要国家的政党概况，掌握国际交往规则及国际事务与国际关系的基本理论，具备一定的科研能力和实务能力的复合型高层次人才。

本着培养学术型和应用型复合人才的目标，学校鼓励学生在熟练运用外语的基础上,掌握政党的基本理论知识,学习国际事务与国际关系方面的基本理论和基本技能,系统接受社会人文学科的基本素质教育及国际政治和国际形势研究的训练,掌握各国主要政党的发展情况,具备从事政党研究和实际工作所需要的调查研究、分析判断和组织协调等方面的基本能力。

具体目标如下。

第一,掌握马列主义基本原理和关于政党的基本理论,树立科学的世界观、人生观和价值观。

第二,熟练掌握一门外语,具备扎实的听、说、读、写、译等应用能力,特别是具有较强的外语写作、交际和谈判能力。

第三,具备一定的科研能力,熟悉文献检索、资料查询的基本方法和手段,具备研究政党问题的技能,能够独立地进行学术研究。

第四,掌握政治学、外交学的基本理论知识,熟悉中国共产党对外方针政策,了解国际关系、国际法等相关学科的基本知识。

设置政党政治与政党外交研究方向的必要性和作用有以下三点。

第一,为我国的政党政治发展和政党外交拓展提供理论支持和政策借鉴,为党政部门提供专门人才。

通过系统化研究,为党和国家提供更多的理论成果以供借鉴和参考;通过课程教育和人才培养,为党和国家输送从事专门党务工作的高层次人才。

第二，充分体现北京市国际化大都市的定位，发挥其科研优势。

通过一大批理论成果，对相关研究进行有益的补充。利用北京市相关高校和科研院所的资源，充分发挥北京市的教育优势和人文研究特色，为北京国际化大都市战略建设服务。

第三，充分发挥二外的语言和专业优势，将二外打造成"智库型高校"。

二外在外语教学方面具有独特的优势，在思想政治教学和科研领域积累了丰富的成果和经验，将二者进行有效结合，有助于更好地开展教学和科研工作。此外，通过专业的设置，学校能为党和国家提供急需的理论型和实践型人才，充分体现学校"智库型高校"的新理念和特色。

第二章

国际事务与国际关系学相关课程的思想政治化建设探索

第一节　设计原则

国际事务与国际关系学思想政治化建设中最关键的部分是"政治学原理"课程的规范化建设。"政治学原理"开设于多个高校的政治学、国际关系、国际政治、行政管理等专业课框架内，目的是使学生全面了解政治学科的基本知识，使学生系统掌握政治分析的基本概念和方法，从而使学生深入理解政治研究所取得的理论成果。

国内高校高度重视"政治学原理"的教育功能，提出"以马克思主义为指导，简明、系统地向学生阐述政治学的基本理论及其发展规律"的原则。但是在具体的操作层面，主要以教学法的研究为主。例如，景跃进探索将西方最近政治学成果融入该课程；王惠岩在"政治学原理"教学中注意概念的辨析；周海英研究了案例教学法在"政治学原理"课上的有效实施；石智刚尝试在"政治学原理"教学中植入时政；潘修华强调教学中学生主体地位的教学方法；陈定定等人提出用电影的方式解决"政治学原理"课程的枯燥问题。这些探索丰富了"政治学原理"的教学方法，对于国际事务与国际关系学思想政治化建设的研究具有重要的作用。

然而，上述探索也有一定的缺陷：一方面，局限于技术层面，较少论述如何引导学生正确运用马克思主义立场观点方法思考和分析问题。有的以马克思主义取代政治学原理，只在形式上谈论马克思主义，没有将马克思主义基本原理融合到教学中。另一方面，现有的探索都忽视了与国际关系专业的对接，将"政治学原理"孤立地作为一门单独存在的科目进行教学，没有结合马克思主义、历史学、国际关系理论进行系统性的剖析。

由于"政治学原理"课程对于学生形成和确立基本的政治思维具有重要的意义，因此在"政治学原理"课堂上把做人做事的基本道理、把社会主义核心价值观的要求、把实现中华民族伟大复兴的理想和责任融入"政治学原理"课程教学之中，具有无比重要的意义。

课程教学实践中的难点主要体现在以下两个方面：第一，对于学生而言，"政治学原理"是一门解释政治学基本概念和基本原理的课程，内容比较深奥且枯燥，很难激发学生的学习兴趣和积极性。由于该课程的概念繁多、体系复杂、逻辑严谨，很容易让学生望而生畏。第二，如何有效地实施综合实验体系，对学院的教师群体提出了一定的挑战。由于学院师资是老中青结合，有些教师的政治学学科背景相对较弱，如何推动他们参与思想政治实验课堂改革是一大难点。

出现难点的原因：一是"政治学原理"本身的综合性，涉及的概念很多、体系较大，使教授者需要掌握政治学原理的方方面面，导致教授者容易从概念到概念，难以呈现课程有趣、吸引人的一面。二是该课程客观上对教师的政治学素养提出了较高的要求，而实际上教师群体往往专业化程度高，仅能掌握某个政治学领域。三是在课堂教学中往往无法有效地规避"观察者效应"。在该课程的实验改革中，将思想政治融入课堂，在考察效果时，如何确定地得知学生的感受是实事求是的自我与他者评价，也是一大挑战。

第二节　教材的选择与内容设计

"政治学原理"主要为国际政治、国际关系大学二年级本科生讲授，由于学生们专业基础较薄弱，为使学生更好地掌握专业知识，因而选择了国内、国外两种不同的教材进行比较学习。

国内教材选择的是马克思主义理论研究和建设工程重点教材《政治学概论》（高等教育出版社2011年版）。该教材得到了马克思主义理论研究和建设工程咨询委员会的指导，得到了中央有关部门和有关专家学者的帮助和支持。同时，广泛听取了高校政治学课程教师和大学生的意见和建议。这部教材被多所院校指定为参考用书，篇章结构安排较为合理，一共分为十章，内容紧凑，语言准确。该教材还有一个突出特点是，全书涉及中国的内容非常多，便于读者关注中国自身的政治学发展，易于使学生理解在中国革命、建设和改革的实践中，中国共产党人把马克思主义政治学基本原理同中国具体实际结合起来，进一步丰富和发展了马克思主义政治学。

国外教材选择的是美国迈克尔·G.罗斯金等撰写的《政治科学》（第12版）。作为一本国外经典政治学教材，该书是一本主题宏大抽象、语言通俗易懂、内容直击要点、广受国内外读者喜爱的政治学教科书。作者紧扣政治学的基本概念，以方法论贯穿全书，同时运用丰富、真实的案例，将思考政治的方式、个人与政府的关系、政治参与的价值娓娓道来，向读者展示了一个与生活密切相关的生动的政治学理论谱系。该书的另一大特点是作者持论的公允，全书采用兼容并包的方法，避免兜售任何单一的理论、概念框架和范式，以科学、客观的态度分析不同的意识形态和政治体系，在首肯美国民主体制的同时，更一针见血地批判了美国现实政治的弊端。无论读者持有何种观点，该书都具有重要的参考价值。该书已成为高校相关专业学生的必读书目，同时也是政治学学者和政府官员的重要参考书。

两种教材结合对比学习，难度适中，简明易读，在比较中使学生获得思想的启迪，同时二者结合内容全面、信息量大，能够保证教学需要。

思想政治教学内容设计的核心包括以下三方面。

第一，教师整体实现"协作式课堂"，分解"政治学原理"

第二章 国际事务与国际关系学相关课程的思想政治化建设探索

的章节体系，按照学院教师的专业背景进行任务分解，从而最大程度实现每个教师专注于发挥自己的研究专长。

第二，对于具体的每一堂课程，实现"政治学原理"讲授的国际关系化，按照外交部、中宣部要求，将国际和国内的时政植入政治学理论的讲解中，从而激发学生的兴趣。

第三，对于学生而言，在"政治学原理"课堂上，要实现自主学习，拿出一定的课程时数来实验"做中学"的教学模式。通过案例、情景模拟不仅可以在经验和活动中获取知识、增进才干，而且有利于提高其语言表达能力，增强学生面对困难的自信心。

"政治学原理"具体研究任务或框架主要包括：以马克思主义为指导，简明、系统地向学生阐述政治学的基本理论及其发展规律，将正确的政治观融入其中；采用综合方法，激发学生的学习兴趣，满足学生学习的个性化要求；安排过程性考核，关注教学过程的监控、评价和反馈。

"政治学原理"课程培养方案为36个学时，每周授课3课时，共上12周，正好与"政治学概论"课程内容章节设置相吻合。课程内容主要包括导论、阶级与国家、国家权力与国家形式、国家机构、政治民主、政党和政党制度、政治参与、政治文化、政治发展、民族与宗教、国际政治与世界格局等。考虑到学生需要掌握基础的政治学概念，"政治学原理"课程一般安排在大一或大二学年开课，为高年级的课程打下牢固的基础。

第三节　教学过程管理

在课前准备阶段，主要是安排好学生的预习。"政治学原理"需要学生自我阅读《政治科学》，该教材阅读难度小，事例丰富，学生很容易提起兴趣。"政治学原理"授课组的做法是，首先，提前一周布置预习内容，将课堂上涉及的《政治科学》章节告知学生；其次，合理设置预习提问，让学生带着问题对教材进行预习与准备，以有效提高学生研读效果；最后，借助网络进行预习工作的交流，学生在预习阶段遇到的一些问题，可以利用网络与教师进行联系与交流，教师对学生提出的问题进行解答。

在课堂教学阶段，使用多媒体手段，通过图文并茂的方式展示马克思主义理论研究和建设工程重点教材《政治学概论》的知识点，加强学生对教材知识点的理解。在教学中，加入各国政党、政治生活的图文、视频资料和新闻等，营造学生政治学学习情境。为有效调动起学生学习的积极性，在教学中，积极与学生进行互动，教师巧妙合理地设置问题，引导学生进行思考，鼓励他们展开必要讨论，提出自己的观点。

在课后复习阶段，以马克思主义理论研究和建设工程重点教材《政治学概论》为主，将学生分成不同的小组，各组进行教材某章使用自评和他评，目的是加深学生们对政治学基础概念和专业知识的理解，锻炼学生的批判性思维能力；各小组还对《政治学概论》附录的政治学专业词汇进行对照阅读，进一步建立"政治学原理"术语库；教师利用电子邮件积极与学生进行沟通和交流，在沟通过程中，积极向学生征求教学意见，及时发现教学中的问题，以便及时整改，不断提升。

为了满足学生对相关知识的了解，在每一章节学习后，为学生提供相关的政治学参考资料，以便进行延伸阅读和学习，如各国政府和议会网站及参考资料；以教学大纲、教案、习题、实验指导、参考文献、网络课件、授课录像等为基础建设"政治学原理"的网络教学资源库，搭建学生自主学习平台。在这些平台上，教师在思想政治方面起引导作用，着力于促进学生能力的提升和政治素质的发展。

"政治学原理"课程对于学生形成和确立基本的政治思维具有重要的意义，故在"政治学原理"课堂上将做人做事的基本道理、社会主义核心价值观的要求，以及实现中华民族伟大复兴的理想和责任融入"政治学原理"课程教学之中，具有无比重要的意义。

第三章

国际事务与国际关系学案例研究

第一节 案例1："国际政治学方法论"课程的过程追踪分析法

"国际政治学方法论"的传统研究方法分为两类：一是比较研究；二是过程追踪分析法。过程追踪分析法是追踪国际关系事件的背景原因、事件经过、影响价值的教学模式。过程追踪分析法教学常见于对国际关系历史事件的追根溯源。学术界很多经典著作采用的就是过程追踪分析法，如《伯罗奔尼撒战争史》《全球通史》《战后国际关系史》《帝国的兴衰》等。"国际政治学方法论"的过程追踪分析法教学以周恩来的中巴外交思想实践过程作为教学案例。

学者们对国家利益、国家权力、国家安全等地缘政治学（geo-politics）范畴的词汇进行了深入探讨，其观念已深入人心。第二次世界大战后，在美苏对抗的大背景下，学界过度关注边界争端的零和博弈问题，却忽视了新兴民族国家的政权生存权及其营造和平周边环境的努力。为了应对这种阻碍客观研究中国边界问题的自反性挑战,本案例从过程追踪教学法的视角重新阐释周恩来总理睦邻外交的多元属性,提醒人们关注大国政治格局变动对中国处理划界问题的独特作用,以及20世纪60年代周恩来对南亚外交思想的战略转型。

周恩来总理以和平、相互尊重的方式,妥善处理与巴基斯坦的边界划设问题,为当今中国与巴基斯坦"全天候战略合作伙伴关系"奠定了基础。因此,本案例研究跨越了跨国边界研究的学术范畴,具有跨时代的历史价值。从这个维度来看,任何适用于周恩来外交思想研究的理论工具,都应具有"地缘"(geo)这一特定前缀,方可理解周恩来总理对巴睦邻外交,特别是主管中巴划界谈判事务本身的全球性战略视野。

一、背景溯源:周恩来总理对巴基斯坦睦邻外交的地缘政治视野

地缘政治是中国外交决策的重要依据。20世纪60年代,中国面临着极为严峻的生存环境,如何处理与美苏两个超级大国的关系,成为周恩来总理外交战略的核心议题。中国与周边国家都曾遭受西方列强的殖民主义侵略,并面临着发展国民经济、振兴民族文化的时代使命,这为中国周边外交打下了较好的环境基础。然而,一些国家仍然对中国的政治制度与对外政策心存疑虑,导致其对中国交往的步伐踌躇不前。因此,处理好与邻国的关系,尤其是与那些存在领土划界争议的国家保持良好关系,有

助于为中国营造稳定的周边环境。❶ 因此,"睦邻"成为周恩来总理外交决策的关键词。

周恩来总理睦邻外交具有两个目标:一是营造稳定的周边环境,二是塑造中国和平大国的良好形象。中国是世界上邻国最多的国家之一,漫长的边界需要派驻大量的边防部队,这增大了中国的国防压力。从大历史的视角来看,西北边疆一直是中国防务的重点区域,自近代以来,西方列强和地区极端势力都是通过西北内陆和东部沿海两个方向来扰乱中国的内陆安全。晚清李鸿章与左宗棠的"海防"与"塞防"之辩,其核心问题在于:中国的安全底线在哪里?中华人民共和国成立以后,与周边国家存在的边界争端并未完全解决,这不仅影响了中国稳定边疆的战略布局,更不利于实现中国取信于邻的外交目标。随着中国周边安全环境日趋严峻,周恩来总理必须将周边外交上升到维护国家安全的高度,寻找打破美苏联合遏制中国的突破口,从而缓解中国外交面临的地缘政治压力。基于此,巴基斯坦开始成为周恩来总理外交体系的重要地缘支点。

开展对巴睦邻外交,主要基于国内、国际两方面的考虑。

国内方面,中巴两国接壤的边界主要涉及新疆南部地区和巴基斯坦的北部地区。由于以信仰伊斯兰教民众为大多数的巴基斯坦与新疆少数民族群众有着天然的宗教和文化纽带,中国政府希望尽早与巴基斯坦政府达成边界协议以保证该地区(新疆)的稳

---

❶ 王淑贞.周恩来的睦邻外交思想探析[J].山东省青年管理干部学院学报,2008(3):130-131.

定与和平。❶

国际方面，早在 1959 年，美英就提出印度和巴基斯坦共同防御南亚次大陆的倡议，这引起周恩来总理的极大忧虑，并意识到"南亚问题国际化"将会威胁中国西部地区的安全。对中国政府而言，同巴基斯坦开展边界谈判，不仅能消除印巴共同抑华的可能性，还能降低美英等国在该地区的影响力。

二、实践过程：《中巴边境协定》在周恩来总理对巴睦邻外交中的支撑作用

如何识别并扫清中巴友好关系发展的障碍，是周恩来总理对巴睦邻外交的重中之重。制约中巴关系改善的核心障碍，是两国边界的划分问题。20 世纪 50 年代，虽然中巴已经建交，但关系较为平淡，一直没有开展划界谈判，边界地区时常出现小规模冲突。由于当时巴基斯坦面临着来自印度和阿富汗方面的安全威胁，巴基斯坦政府对于中巴未定国界及其可能带来的不利影响深感忧虑。1959 年 10 月 21 日，巴基斯坦外交部长在卡拉奇举办的新闻发布会上提到，巴基斯坦政府将利用一切可能的手段保卫国家的边界安全。与此同时，巴基斯坦总统阿尤布·汗也发表声明称，将与中国政府展开接洽并就边界问题进行谈判。同年 12 月，巴基斯坦内阁会议举办期间，数位亲美内阁成员认为中国政府几乎不可能回应关于两国边界划定的任何建议，但是阿尤布总

---

❶ 韩晓青. 周恩来对二十世纪六十年代初期中巴关系根本改变的奠基性贡献 [J]. 中共党史研究，2011（9）：95–97.

统坚信制定关于此问题的提醒备忘录"有益无害",并同中国政府方面保持着密切联系。❶ 同时,阿尤布总统命令吉尔吉特侦察特种部队沿着中巴边境展开巡逻行动,并封锁其与新疆所接壤的边境地区。

随着巴基斯坦政府和平与独立外交政策的制定与出台,中巴边境地区在 1960 年和 1961 年向和平方向发展。巴基斯坦政府密切关注中国与其邻国关系的发展,由于中国政府已经与缅甸、尼泊尔等邻国和平解决了边界划分问题,巴基斯坦政府最终得出结论:中国政府很有可能采取和平的方式解决两国边界问题,以展现自身爱好和平的国家形象。

1962 年 5 月 27 日,在巴基斯坦总统阿尤布的推动下,巴基斯坦政府各个部门就对外政策方面逐渐达成共识——在印度政府接受了西方国家的援助之后,巴基斯坦政府应该进一步践行如下的外交政策:一方面同中国保持着更为紧密的合作关系,另一方面又需要与美国保持着正常的邦交关系。❷ 显然,巴基斯坦政府已经调整了对美国的"一边倒"政策。

中巴谈判于 1962 年 10 月 13 日正式启动。通过长时间外交渠道的协调与商讨,中国和巴基斯坦两国政府最终解决了边界问题。1963 年 3 月 3 日,中巴两国于北京人民大会堂分别签署了

---

❶ KHAN M A.Friends Not Masters: A Political Autobiography[M]. London: Oxford University Press, 1967:124.

❷ KARACHI. Speech of Pakistan's Minister for Foreign Affairs to the Nineteenth Session of the United Nations General Assembly Held on January 25 1965[J]. Pakistan Horizon, 1965(4):73.

《中巴边界协定》。

《中巴边界协定》的历史意义在于：一是消除了巴基斯坦与中华人民共和国在共同边界地区发生摩擦的可能性。《中巴边界协定》反复重申了其目的在于确保两国共同边境沿线地区的和平与安定，从而促进两国之间的友好交流。二是打破了以美国为首的西方国家长久以来所宣扬的中国"威胁"论，证实了中国作为一个和平友好的睦邻伙伴，并没有在印巴冲突中趁势打压巴基斯坦政府。因此，《中巴边界协定》是周恩来总理对巴睦邻外交实践的宝贵成果，不仅在美苏印共同对华施压的险恶环境下，为中国争取到巴基斯坦这一友好邻邦，部分缓解了中国西北地区的地缘安全压力，而且也再次印证了中国是坚持以"和平共处五项原则"处理边界事务的和平大国，再塑了中国负责任、平等、友好的大国形象。

三、实践效果：周恩来总理对巴基斯坦睦邻外交的影响和价值

检验周恩来总理对巴基斯坦睦邻外交政策成效的标志性事件便是1965年的印巴战争。1962年，中印两国就边界划分问题爆发了战争，与此同时，巴基斯坦与印度之间的关系也跌入低谷。中巴两国政府共同面临来自印度的军事压力，因此能够开展更为全面的合作行动。"印度政府对巴基斯坦所发动的攻击行动将不再局限于破坏巴基斯坦的独立和领土完整，也将威胁到亚洲最大

国家（中国）的安全利益和领土完整。"❶ 因此，和平解决边界问题符合中巴两国的共同利益。

1964—1966 年，中巴两国领导人开展了互访活动。1964 年 2 月，周恩来总理对巴基斯坦进行了正式访问。随后，1965 年 3 月时任巴基斯坦总统阿尤布·汗回访中国，彼时也恰逢中巴边界协议签署两周年纪念日，因此，阿尤布总统受到了当时中国对亚洲国家元首接待史上最为热烈的欢迎。

在周恩来总理的积极推动下，中巴两国共同签署了一系列边界、航空和贸易双边协议，促使两国睦邻友好关系持续发展。例如，巴基斯坦于 1963 年 8 月与中国政府签署了民用航空协议。根据这份协议，巴基斯坦国内飞机获准降落在广州和上海机场，同时，巴基斯坦政府也允许中国喷气式飞机使用达卡机场。巴基斯坦政府通过支持中国恢复在联合国合法席位并反复重申坚持"一个中国原则"赢得了中国政府的赞赏。随着《中巴边界协定》的顺利签署，中巴两国的关系开始进入高速发展时代。

综上所述，在"国际政治学方法论"的课堂教学中，过程追踪分析法是国际政治学传统分析法的重要组成部分。为了让学生深入理解过程追踪分析法的内涵，教师不仅要教授过程追踪分析法的概念界定和适用范围，还要通过具体的案例带领学生深入研

---

❶ BHUTTO Z A. Foreign Policy of Pakistan：A Compendium of Speeches Made in the National Assembly of Pakistan[M]. Karachi：Pakistan Institute of International Affaris，1964：62.

读该研究方法。这种将国际政治学研究方法与国际关系历史事件相结合的教学模式有助于提高学生的学习兴趣,并且提升了学生将国际政治学研究方法学以致用的能力。

第二节 案例2:角色扮演在国际事务与国际关系学教学过程中的应用

国际事务与国际关系学自身的学科特性要求在教学活动中重视实践教学,而角色扮演能较好地承担这一功能。通过情景设计、情境分析、仿真表演、评委评议及教师总结五个步骤,角色扮演能激发学生的主体意识和活力,增强他们学习国际事务与国际关系学的兴趣。角色扮演对教师学生素质及设备等提出了一定的要求。

国际事务与国际关系学作为国际关系学科范畴的一门新兴专业,反映了全球化对人才综合素质的要求。随着国家间关系的发展,国际事务与国际关系的活动主体向个人和非政府组织拓展。在这种大背景下,国际事务与国际关系学在培养学生精通东道国语言基础上,力图使学生通晓各国文化与社会风俗,并较为系统地掌握国际交往规则、规范,具备相关国际事务与国际关系管理、交际和谈判的能力,从而积累从事涉外事务管理、对外交流活动的经验。国际事务与国际关系学的特殊性质,决定了国际事务与国际关系学的教学过程需要突出实践教育优先的特点。在美国等西方国家,角色扮演的教学方法被广泛应用于高等教育和中等教育中,如"美国联合国协会为中学生所设计的模拟联合国活动课程被很多学校所借鉴"❶,在世界范围内产生了重要影响。

为使学生迅速获得对国际事务与国际关系学的专业身份认同,国际事务与国际关系学的教学过程需要引入教育学领域被广泛采用的角色扮演法。作为一种被教育界推崇的创新教学方法,"它以能力培养为目标,以互动与创新教学、全真模拟为特征"❷,从操作步骤上来看,一般包括情景设计、情境分析、仿真表演、评委评议和教师教学总结五个步骤。

一、角色扮演法的应用思路

角色扮演法的五个步骤在国际事务与国际关系学教学过程中,始终贯穿着教学相长、教师指引、学生为主的高等教育思路。具体而言,可以分为以下五个方面。

一是如何进行情景设计。情景设计主要分为四个步骤:选题、寻找背景材料、设计角色和角色练习。情景设计首先要寻找到合适的选题。在国际事务与国际关系学的角色扮演中,教师要根据教学目标和实践能力锻炼的需要,寻找最能体现国际事务与国际关系学特点的案例来作为选题。例如,国际关系史上的万隆会议谈判过程、2013年叙利亚危机日内瓦和谈,以及2014年乌克兰危机中安理会闭门磋商。这些案例或者是历史上影响较大的国际性事件,或者是当时国际关系中的热点问题。这些问题之所

---

❶ 张萌,李娜.美国中学生模拟联合国活动[J].外国中小学教育,2010(5):43–47.

❷ 于涛.角色扮演法在语文口语交际课堂上的应用[J].今日中国论坛,2013(1):115–116.

以能够成为国际事务与国际关系学要解决的事项，主要是因为这些问题需要国际社会将之列入议程，并在国际社会各类主体的互动中寻找解决方案。议题解决实际问题导向，而国际关系理论中的案例分析则有助于理论创新，体现了长期以来政策研究和理论研究的分野。两者尽管颇为相似，目标和方向却有一定差异。在选题确定之后，需要系统地收集背景材料，在系统掌握了国际事务与国际关系交涉，谈判过程中各国、非政府组织或个体的不同立场、态度之后，再进行角色的设计与任务的分配，确定角色的基本扮演内容。在以上内容基本确立之后，有一个练习和预演的过程。教学内容和背景材料在情景设计的过程中，分别起着主题和辅助的作用。例如，在进行叙利亚危机各方日内瓦会谈的应用模拟中，有关战争和冲突谈判的理论知识是主要教学内容，为了使角色扮演更加逼真，通常需要将叙利亚危机的原因及各方支持者的身份、舆论作为辅助材料，从而为国际事务与国际关系中战争、冲突调解的教学服务。之后，将学生分为几个小组，使组员扮演不同的角色，可以是叙利亚政府首席谈判代表、叙利亚反对派代表，以及俄罗斯、英国、法国等国家的代表。在每个组员的角色确定之后，组员根据叙利亚危机中各方的立场来寻找教学内容和背景材料中的对应内容。在熟悉上述内容后，就设定的谈判议题开展符合其角色的对话、磋商、谈判，进行角色扮演的多次练习和磨合。

二是如何进行情境分析。在这一过程，师生的互动非常关键。这个过程需要集体研讨，反复讨论，从而决定在情境中应用哪些知识点，确定基本的程序及扮演过程中的注意事项，特别是要注意国家间的外交礼仪和外交语言的话语逻辑。教师要协助组员分析面临的困难，提出解决困难的办法，指导学生找准角色的定位。同时，组员们要对自己的角色有清晰的自我认知，并向小组解释自己的角色，使组员们对每个组员的身份、角色都有统一、清晰的认知，从而为角色扮演打下基础。

三是如何进行仿真表演。在仿真表演阶段，一般会根据国际事务与国际关系参与者的多少来决定分组。例如，有关联合国安理会的协商，可将班级划分为两组，每组15人，15人里确定人员扮演常任理事国和非常任理事国。两组扮演相同的内容，便于比较。这种小跨度区分的方法适用于内容相对单一、需要采用比较方法的教学内容，如朝核问题六方会谈及20世纪末的柬埔寨和平谈判。另一类是大跨度划分，让全班同学每个人代表一个国际事务与国际关系的活动主体进行模拟，适用于内容涉及面广、争议性大、需要进行全方位协商的国际问题，如联合国气候大会、哥本哈根气候问题谈判。

四是如何进行评委评议。评委主要是教师及各组的组长或小组代表，如果在较大的场合和重要的节庆日，可以邀请专家和领导参与评议。评议的出发点是促进教学和学生实践能力的提高。这本身就要求评委熟悉国际事务与国际关系学的学科特征、选题背景材料及操作的流程。评议过程要设置质疑、答辩、补充完善的环节，从而让学生吸取经验和教训。要根据教育教学的规律、高等教育心理学的知识，使评议结果符合国际关系的一般理论原则和方法，符合事物自身发展的逻辑。在评议过程中，还需重视国际事务与国际关系实践的科学性和多元性，避免猜测、主观和僵化。从时间控制上而言，评委评议一般不超过总时间的1/4。

五是如何进行教师的总结和评价。教师在整个角色扮演活动中起到了导演的作用，不仅为整个角色扮演提供选题、背景材料及进行评议，还要具体分析仿真表演活动中的模拟准确性，总结角色扮演教学取得的成效，便于教学效果的提高。教学评价要体现原则性和灵活性并存的特点。教师要鼓励学生通过角色扮演系统地体现教学内容，也要鼓励学生自主创新，提出新的观点和看法。在总结阶段，教师根据角色扮演的情况总结经验，以便调整和提高，为下次角色扮演活动奠定坚实的基础。

二、国际事务与国际关系学专业应用角色扮演法开展教学的优点

角色扮演法是国际事务与国际关系专业一项重要的创新教学举措，被认为是一种"实训课"。❶通过学生独立完成某国际活动的角色模拟过程，改变了传统的教师为主、学生为辅的模式。教学方法的创新激发了学生的主体意识，增强了师生之间的互动。

角色扮演法有助于学生深入了解国际事务与国际关系学的实践本质，增强他们参与国际事务与国际关系的能力。一方面，角

---

❶ 李格琴.对中国外交学课程教学创新建设的思考——《外交学概论》课程教学创新[J].外交评论（外交学院学报），2006（5）：69.

色扮演对学生的智力、精神提出要求，需要学生全方位、全身心地投入，有利于学生深入了解国际事务与国际关系活动，使他们无论从国际关系思维，还是在外交礼仪上都符合参与国际事务与国际关系性活动的要求。通过使学生迅速"入戏"，增强他们参与的积极性及对专业的认同感。另一方面，角色扮演模拟的是学生未来可能的职业角色，通过对角色扮演过程的把握，有助于他们较快地提高未来参与国际事务与国际关系活动的职业能力和职业素养。

角色扮演法有助于活跃课堂气氛，增强学生学习国际事务与国际关系学的兴趣。寓教于乐，是教学的高级追求。将学习作为一种乐趣，是教育者孜孜不倦追求的目标。通过仿真表演进行国际事务与国际关系活动的模拟，提高了学生的学习兴趣，加深了他们对所学知识的理解。

角色扮演有助于培养学生团结协作等综合素质。角色扮演需要学生全身心投入，同时掌握自身角色的"位"及择机而动的"为"，并与其他角色配合好，把握提出问题、处置问题和解决问题的时机。在角色扮演的过程中，学生的团结协作、文明礼貌及解决问题的能力都得到提升。该种方式不仅可以使学生在反复琢磨中掌握理论知识，而且增强了他们的表达能力、应变能力和角色模仿的能力。对于国际事务与国际关系学而言，培养既有知识又有实践能力的人才，是其既定的目标。角色扮演克服了课堂教学的不足，提升了教育教学在育人方面的全面性。

角色扮演有助于增强学生课堂主人翁的感受，真正确立以学生为主体的现代教育教学理念。传统的课堂教学以教师为主,教师"满堂灌",学生到课率不高,教师的积极性也受到打击。通过学生自主的角色扮演,有利于激发学生的潜能,避免学生在教学活动中参与度不高的问题。在角色扮演的教学活动中,教师承担了导演的角色,学生成为课堂活动的主体,两者之间建立了一种新型的师生关系,这是对教育理念的一种创新,也符合现代教育教学的发展理念。

三、国际事务与国际关系学角色扮演实例

在国际事务与国际关系学的教学过程中采用角色扮演的方法,是以国际事务与国际关系学的教学进度和教学大纲为依据的。下文以朝核问题六方会谈第六轮会谈的第一阶段、第二阶段作为角色扮演的选题进行说明。这一部分涉及的知识点主要是全球核裁军和谈判研究,该知识点涉及 21 世纪以来的朝鲜核问题、伊朗核问题及印巴核问题等。背景材料涉及朝鲜进行核试验的前因后果及过程。

情景设计。假设全班 28 人均为朝核问题的利益相关方。该国际事务与国际关系要解决的问题是朝鲜的安全和能源关切及其他五方(美国、中国、俄罗斯、日本、韩国)对核问题的担忧。首先,向全班同学介绍核问题的由来、过程、进展。其次,对全班同学进行分组,每组 7 人,其中 1 人是会谈主席,其他 6 人分别代表美日韩中俄朝六方。28 人被分为 ABCD 组,AB 组参加第六轮会谈的第一阶段会议(AB 组分别扮演,进行比较),CD 组参

加第六轮会谈的第二阶段会议（CD组分别扮演，进行比较）。每个组按抓阄进行，在自愿的情况下，同学之间也可以进行角色交换。最后，要求每组对材料学习和掌握，以了解自身角色所需要承担的责任和义务。每个组都要自行召开会议，讨论本小组的扮演方案和过程，集思广益。在这个过程中，学生可以主动要求教师参与和指导，教师要对每个组的情况进行实时了解和把握。

由各组进行模拟表演。在各组确认准备充分之后，由各组的会议主席介绍本组的思路，然后各组逐个在会议主席的主持下（按ABCD顺序）进行表演。

打分。教师和各组的主席（小组组长）组成评委会。评委会成员对本小组实行回避制度，也便于其在角色扮演期间进行会议的主持。评委要写出角色扮演的优点与不足。在表演结束后，每个评委要进行打分，并提出质疑，每组的组员要进行回应性答辩。评委的打分表设置外交礼仪、国际关系理论水平、职业道德、操作规则、创新方法等几个评分标准，便于量化操作。

教学总结。在角色扮演结束后，由各组会议主席根据全体组员讨论的结果进行自我总结，开展自我评价。在此基础上，教师进行评价，对学生的自我总结进补充、完善和提高。

在第六轮六方会谈角色扮演的过程中，学生表现出了极大的兴趣，教学效果显著。总结起来，该角色扮演的过程遵循了合理、规范、自主、趣味和激励的原则，以学生为中心，激发了学生的潜能和兴趣，使学生加深了对国际核问题知识的掌握及对解决问题对策的思考。

四、国际事务与国际关系学角色扮演教学成功的若干影响因素

在国际事务与国际关系学的教学活动中应用角色扮演的教学方法,要遵循国家法律法规,同时遵循高等教育的规律。在这个基础上,学校为教师采取角色扮演的教学方法提供便利的条件。例如,一些高校设有模拟联合国、虚拟外交谈判室。国际事务与国际关系学角色扮演教学成功的影响因素有以下几个方面。

一是教师。角色扮演对教师提出了较高的要求。教师必须有广博、扎实和深刻的国际背景知识,具有丰富的实践经验,能够胜任情景设计和全过程控制的能力。教师在学生的角色扮演过程中,要善于发现问题、分析问题、解决问题,具备总结经验和教训的能力。较为理想的教师教育背景是具有国际事务与国际关系学理论基础且具有丰富的参与国际事务与国际关系的实际经验。

二是学生。角色扮演一般不在学生刚入校时采用,而是针对具备了一定理论基础、了解了国际事务与国际关系基础知识、较为熟悉国际事务与国际关系规则的高年级学生。在高年级中采用国际事务与国际关系的角色扮演,还要求这些学生有一定的吃苦耐劳、团结协作、不怕困难的精神。

三是教学内容与选题。角色扮演的目的不是表演本身,而是通过角色扮演来巩固知识、锻炼能力,因此,选题要具有典型性,能够体现国际事务与国际关系的基本特点。选题不能太过偏僻和困难,特别要考虑外国语对学生造成的障碍。同时,选题要

具有一定的趣味性、挑战性、价值性，最好能与中国国家利益相关。在背景材料方面，不宜过多地选择非通用语种撰写的材料，应以中文材料和易懂的外国语材料为主。

四是教学控制。角色扮演作为一种教学方法，应该赋予学生规则意识，在整个过程中建立奖励和约束的机制。在角色扮演结果评价上，可以给予学生平时作业成绩或者奖励分数以激发学生的积极性。

五是时间与设施。国际事务与国际关系的角色扮演要有一定的时间作为保障，适合时间充裕的课堂。同时，国际事务与国际关系学的国际化特点，决定了角色扮演场景依赖于一定的设备。例如，模拟联合国这种形式就对音响设备提出了要求，对桌椅安放的灵活性也提出了一定要求。当然，对于小班授课，音响设备、灯光设备和桌椅的局限性，可以得到有效克服。

第三节　案例3：档案的历史精神对国际事务与国际关系学教学的启示和作用

一切历史都是当代史。❶

　　　　　　　　　　　　　　　　　——克罗齐

我们仅仅知道一门唯一的科学，即历史科学。❷

　　　　　　　　　　　　　　　　　——马克思

---

❶ 克罗齐.历史学的理论和实际[M].傅任敢，译.北京：商务印书馆，1982：2.

❷ 中共中央马克思恩格斯列宁斯大林著作编译局.马克思恩格斯全集：第3卷[M].北京：人民出版社，1956：29.

档案作为承载社会发展和文明的凭证，具有不可替代的历史价值。美国这样一个历史短暂的国家，之所以能迅速达到物质文化繁荣的巅峰，与其能够迅速将历史经验转化为公民生活中的预警方案，并上升为社会遵循的普遍法则，从而避免重蹈覆辙，规避风险，避免社会动荡分不开。第一次世界大战中，美国避免卷入欧洲的利益争夺战，从而适时地规避了风险。第二次世界大战之前，美国抢先在法西斯势力壮大前，果断地采取"罗斯福新政"，从而避免了国家遭殃的命运。

进入21世纪以后，如何保持共产党的先进性及与人民群众的联系，一直是中国共产党面临的重大时代课题。学校先后采取了保持共产党员先进性教育的活动及"国际事务与国际关系学教学回头看"的活动。所谓"回头看"，根本上就是注意国际事务与国际关系学教学效果的延续性与历史性，使国际事务与国际关系学教学工作落实到实践层次，转化为党员身上实在的精神素养与原则，从而达到长效保先的目标。

意大利共产党早期领导人葛兰西认为，党的领导权包括对文化的领导权。[1] 而档案使用作为21世纪重要的信息资源和知识经济时代的一种战略资源，将会对党的建设起到重要的推动作用。同时，档案使用中包含的历史精神也是国际事务与国际关系学教学的重要战略资源。下面将阐述档案使用中包含的历史精神对国际事务与国际关系学教学所起到的积极作用。

---

[1] 葛兰西. 狱中札记 [M]. 葆煦, 译. 北京：人民出版社, 1983：197.

一、档案使用的历史精神

档案使用是一种实务性的工作,需要遵循一些原则。而这些原则无疑包含了重要的精神和价值观,正是这些精神和价值观确保了档案使用的顺利进行。

档案使用遵循很多原则,如求真、求实和严谨。但是档案使用中最重要的精神,就是历史精神。历史精神,就是严肃认真的工作作风,对历史负责的态度;客观的历史主义精神,是历史唯物主义的实践观与社会责任感。这种历史精神,恰恰也是国际事务与国际关系学教学原则所包含的。档案使用的历史精神能够以学科的力量启发和补充国际事务与国际关系学教学工作。

历史精神首先是一种态度,即对档案使用严肃认真、求真务实的工作态度。历代档案使用者的求真务实精神恰恰是历史上各种史学家精神风貌的继承和发展。

客观的历史主义精神。尊重客观现实和来源是档案学的重大原则,尤其尊重来源是档案学的重要依托。清代刘知几认为,史家具有"仗气直书,不避强御"的能力和品德,才能写出信史来。"求真是史学的生命,也是它基本的存在形式"❶,可以说档案起到了保障历史学真实性的基础作用。如果档案不客观,被赋予非来源者的意志,那么也就失去了它自身的客观性。历史学不是历史客观性本身,其具有主观挖掘真实的能动性。档案使用

---

❶ 焦润明.论历史学精神[N].光明日报,2000-05-26.

一定要遵循历史学的精神，即求真、求实。

历史与现实结合的实践观。档案学开发利用的最高境界是利用档案切实地反映现实情况，并把局部档案中包含的内容和广阔的社会领域结合起来，从而对现实起到指导作用。档案学家过去的角色不过是"档案管理"学家的代名词，而要想成为档案学家，首先必须是历史学家。由于档案是最真实的第一手材料，因此与历史本来面貌更为接近。总结过去、面向未来也是历史学的一种基本精神。人类社会是从过去走过来的，"历史上的灾难曾使人类付出过惨痛的代价，对于一个民族乃至一个国家而言，总结历史上曾经发生过的人为灾难的原因及其影响，吸取其经验教训，不仅可以避免再次发生这样的灾难，而且这些经验教训作为人类宝贵的精神财富又可积淀为我们的文化"❶。

二、档案使用对国际事务与国际关系学教学的直接推动作用

所谓档案使用，包括了专业型的档案使用与广义型的档案使用。国际事务与国际关系学教学部门不仅自己保管了大量的国际事务与国际关系学教学档案，而且将档案移交给档案馆、档案保管室代管，形成了一笔可观的精神财富。

第一，作为一种推动现实国际事务与国际关系学教学的力量，这种历史的因素对国际事务与国际关系学教学有积极的作

---

❶ 焦润明.论历史学精神[N].光明日报，2000-05-26.

用。国际事务与国际关系学教学从经验中获得方法、制度、人性因素的考量，从而能够在复杂的形势下控制国际事务与国际关系学教学意识形态力量与现实的摩擦，积累如何从人的角度开展工作的关键性知识，吸取教训，避免、调解已经发生和可能发生的矛盾，借鉴那些曾经被实践证明有力、有效、有针对性的经验。

第二，国际事务与国际关系学教学中形成的档案将发挥教育作用。发现和利用国际事务与国际关系学教学的规律，可形成对现实操作的历史制约性。国际事务与国际关系学教学中形成的习惯性操作与经验性操作规则，为后来的国际事务与国际关系学教学工作提供了可遵循的规则，便于教师更快地进入角色。

第三，国际事务与国际关系学教学档案使国际事务与国际关系学教学中的创造被忠实地记录下来，成为创新的重要源泉。这些特殊的经验既是一种财富，也是一种忠实的历史记录。这些资料将成为历史的证据，成为时代无声的证明，彰显着每代人的智慧。

三、贯彻档案使用中的历史精神对国际事务与国际关系学教学的意义

第一，国际事务与国际关系学教学遵循档案客观性与真实性，直接关系国际事务与国际关系学教学吸取经验的成败。档案使用要对历史负责，是本着对这一代人与后代人双重负责的态度进行的。这种负责的态度曾经被大批知识分子履践。如果在国际事务与国际关系学教学中，我们形成的是虚假的经验，造成的是

虚实不一的效果，那么新的国际事务与国际关系学教学工作将遭遇挫折，教学工作的开展也将受到掣肘，造成无法估量的损失。因此，国际事务与国际关系学教学中切实的活动与记录的一致性，以及文字的可信性，都是档案使用的历史精神核心价值所在。

第二，贯彻国际事务与国际关系学教学中的历史主义精神，能够保证国际事务与国际关系学教学的顺利进行。历史主义精神主要就是尊重历史经验，寻求历史与现实的最佳契合点。中国的"历史作家"层出不穷、继续不断，实在是任何民族所比不上的。其他亚细亚人民虽然也有远古的传说，但是没有真正的"历史"。❶过去是这样，现在也是这样。历史主义的精神使学科建设能够在新的实践条件下站在"巨人的肩膀"上，看得更远，在历史的基础上有更新的创造与发展，从而创造新的成就。

第三，在国际事务与国际关系学教学中，使历史经验迅速转化为实践，并上升为普遍认同的长效规则，是对国际事务与国际关系学教学成效最现实的考验。

第四节　案例4："当代中国外交"教学中的研讨式教学法

来中国留学的留学生在学习国际政治学科核心课的时候，容易出现集体性"文化休克"现象，导致相关学历教育的教学成

---

❶ 黑格尔.历史哲学[M].王造时,译.北京:生活·读书·新知三联书店,1956: 49.

效较低。外语类院校的国际政治属于弱势学科,长期存在着教学效果不佳的问题。除了内容较为枯燥之外,灌输式的传统教学模式更是重要原因。如何培养外国留学生对国际政治学的兴趣、调动留学生学习的主动性和积极性,是外语类院校国际政治教师在教学中亟待解决的问题。为了应对"当代中国外交"课程教学效果与教学目标日趋背离的问题,解决国内各涉外行业对应用型外事管理人才的巨大需求与高校涉外人才培养方式落后之间的矛盾,应探索一条适合该课程的教学模式。怀特海的过程哲学思想,为"当代中国外交"课程教学改革提供了新的思路。以下拟就研讨式教学法在"当代中国外交"教学中的实践经验进行分析总结。

一、"文化休克"的案例解析

1. "文化休克"的概念

"文化休克"是指人们置身于不同于母国文化的环境中时,由于缺乏跨文化交际能力而引起的恐慌感。"文化休克"有广义和狭义之分。广义上的"文化休克"与"文化冲突"是同义词,指的是身居文化环境中的人与东道国的各种文化之间的冲突;狭义的"文化休克"则是指初居异国他乡的人由于脱离了自己土生土长的母语文化,突然置身于完全陌生的文化环境中所产生的心理困难和生存困难。❶

---

❶ 才越,李永明. 来华留学生文化差异与调节问题探讨 [J]. 中国高教研究,1997(6):45.

在跨文化交际中,"文化休克"现象主要表现在以下三个方面。

一是不知所措。初居异国他乡的人对周围的人和事物会感到一片茫然,行动失去了方向和准绳,已养成的一切行为习惯似乎都失去了效能,且要真正融入当地社会非常困难。

二是惶恐不安。由于不知所措和身心不适应所导致的心理不安、失望和强烈的民族自尊心,是一种由于对新文化惧怕和反感而产生的失望和厌烦心理。一般情况下,在异文化环境中的个体感受到两种文化碰触所引起的冲突,自身无法找到跨文化交流的平衡点,由此会产生不安和苦恼。

三是抗拒心理。对于处于青年时期的外国留学生而言,对母国与异国文化之间的巨大冲突缺乏合理的认知心理疏导,导致其因不知所措和惶恐不安产生对异国文化的抗拒心理,这是一种无意识的自我保护心理。其排斥两种文化的差异,将自己与新文化隔离,敏感多疑,甚至出现消极心理。

2."文化休克"产生的原因

从宏观上讲,产生"文化休克"的因素主要是文化差异和个人差异。文化差异是引发"文化休克"的主要原因。

一是失去了熟悉的行为习性。饮食和文化交往的差异导致个体在一种新的文化中无法接受所在国的饮食习惯和交往方式,从而导致个体产生认知差异乃至冲突。

二是人际交往适应能力失灵。在跨文化交际的过程中,人们往往无法准确展示自身的行为举止，有可能造成多次人际交往失效，从而产生自卑感和自我封闭。有一个案例，一名非洲的同学之所以和其他同学有距离，是因为他把与本国人的交际原则照搬到对方身上，因此造成人际交往失灵。❶

三是文化身份危机。一般情况下，个体难以迅速适应所在国的人际交往文化。在学习和应用所在国文化的过程中，个体难以准确了解跨文化交往的规律和原则，从而造成身份错位。❷

二、研讨式教学法对"文化休克"的解决

1. "文化休克"现象的应对思路

跨文化交际困难是国际交往过程中经常面临的现实问题，但这并不能作为文化优劣论的例证。相反，各国国力虽有差异，但各国的文化都是平等的，理应受到充分的尊重。来华留学生存在的"文化休克"问题，并非一个难以逾越的障碍，而需要教师对其进行合理疏导，以科学的方式帮助留学生进行心理调适。只有在相互尊重的基础上，才能建立起师生之间的信任。关于生活方式与生活习惯的不适，则相对容易解决。俗话说"入乡随俗"，饮食等问题的不适随着时间的推移，人们会逐渐适应。

此外，教师还应认识到"文化休克"在文化适应过程中具

---

❶ 龙晓明.跨文化交际中的"文化休克"分析[J].广西社会科学，2005（3）：174.

❷ 金秀芳.论跨文化交流中的"文化休克"现象[J].同济大学学报，2001（2）：84.

有两面性，虽然"文化休克"具有不利影响，但是也应该认识到，走过了"文化休克"这段时期后，会更容易接受和适应新的环境。

"文化休克"是一个必经阶段。不同国家的人交往时肯定会出现文化冲突，个体在面临这种问题的时候应该积极、耐心处理，加强沟通和交流，增强彼此间的相互理解，从而融入当地人的生活中，增强自己的跨文化交际能力。

2. 研讨式教学法应对"文化休克"的现实价值

在怀特海教育阶段理论的指引下，教师通过增设富有个性化的案例体验环节，让学生通过角色扮演、身份互动等实践环节，提升对相关概念的理解与应用能力，以增强教学效果，从而诞生了一种新的教学模式——研讨式教学法。研讨式教学法将讲授教学、情景体验与讨论交流有机结合在一起，并贯穿于教学的全过程，其设计思路受到湘潭大学郭汉民教授提出的研讨式教学法的启迪。由于阶梯式体验教学模式的结构框架和活动程序分为前后衔接的五个步骤，故此又被称为"五步研讨式教学法"[1]。

第一步，指导选题。教师在开课前3周内扼要地梳理出整个课程的内在逻辑与主要观点，让留学生对课程脉络有基本的掌握。在此基础上，教师列举出若干有价值的研究问题，指导留学生选择一个进行研讨。在此过程中，教师选取一两个具体问题进

---

[1] 贺鉴，刘红梅.论研讨式五步教学法的主要特点[J].贵州师范大学学报，2006（3）：19-23.

行操作演示，按照选设情境的类别将留学生划分若干小组，告知学生查找资料的途径和练习方法，要求学生在3周左右的时间内完成对预设选题的资料搜集。

第二步，留学生自主参与教学体验，训练其自主求知和学术交流能力。留学生按教师传授的方法查找索引、检索文献、阅读资料，在独立思考后去粗取精，勾勒出课题研究的框架思路，并完成对资料谱系的整理工作，然后开始撰写论文。

第三步，小组交流。在个人独立探索、各自完成论文的基础上，教师按选题类别将留学生分为若干研讨小组，在研讨小组内留学生将自己独立探索的知识和心得以讲课、评课的方式进行交流，然后每个小组推选若干名代表参加大班讲评。

第四步，大众评议。教师组织留学生进行学习体验分享，并作出点评。师生共同听课评课，留学生代表应进行现场答辩。由于不同国家留学生的学习体验不尽相同，因此在留学生完成学习经验分享之后，教师应适当引导留学生相互交流并作阶段性点评和小结。教师应重视对学生拓展思维的培养，引导其关注知识迁移技能，基本掌握当代中国外交理论与实践。❶

第五步，提升留学生对跨文化交际的成就感。教师应再次肯定留学生跨越"文化休克"阶段所付出的努力，通过方法论传授等方式，增强留学生对专业知识的获得感和自主应用能力。教师

---

❶ 毛国东，殷红英.基于目标教学理念的"五步教学法"[J].现代教育，2019（5）：39.

让学生对研讨式教学改革的利弊得失进行评论,题目自拟,自由评论。这样做的目的在于听取留学生意见,改进教学方法,同时让留学生进行自评与互评,有助于引导留学生完善自我认知,提高对事物的评价能力,同时也有助于树立留学生的创新意识,对他们将来走上工作岗位有所裨益。

由此可见,五步教学法的框架设计具有较强的逻辑性,符合当前大学生的学习规律。第一步充分发挥教师的主导作用,通过激发留学生的求知主动性,使之掌握课程的知识结构与体系脉络。第二步是留学生在任务指导下的自学阶段,重在培养他们自觉汲取专业知识、信息收集与梳理的能力,以及创新思维能力和文字表达能力。留学生在该阶段内撰写的讲稿为下一步小组讨论奠定了学术基础。第三步是师生之间、生生之间切磋学问,开展思维风暴❶,重在培养留学生逻辑思考、团队合作的意识。第四步是实践阶段,旨在培养留学生逻辑表述能力及沉着冷静的心理素质。第五步是总结提升,汇集个人认知的合理成分,并将其提升到改革大学教学方式的理性高度。

通过对研讨式五步教学法内在逻辑的探讨,本书认为其基本教学理念包括四个方面:以人为本,注重合作;教、研结合,教、学互动;授人以渔,重视创新;严格督导,科学评估。❷因

---

❶ 李树丞.本科教学改革的创新之举[J].湘潭大学社会科学学报,2002(6):160.

❷ 夏新华,贺鉴.研讨式教学法在省级精品课程"外国法制史"教学中的应用[J].当代教育理论与实践,2009(2):42.

此，研讨式五步教学法是一种反对灌输式教学、重视传授学习的方法，其注重发挥留学生的主观能动性，是指导留学生自主探索的人本主义教学法，有助于实现和谐教育的目标。将研讨式教学法的基本理念引入"当代中国外交"课程的教学实践中，有助于创新教学内容、教学方法和手段，完善教学效果评估监督体系，较好地完成此课程的教学目标。

三、研讨式教学法融入"当代中国外交"课程的可行性

1. "当代中国外交"课程的教学现状

如表3-1所示，全国开设外交学或国际事务与国际关系本科专业的高校为24所，年均毕业生在1000人左右；而开设"当代中国外交"课程的高校只有21所，接受外交外事专业培训的毕业生仅为500人左右，难以满足社会各界的人才需求。因此，一些外语外事类高校开始扩大"当代中国外交"课程的课堂规模。例如，外交学院将"当代中国外交"课程作为外交学专业必修课；北京第二外国语学院作为国内首家设置国际事务与国际关系本科专业的重点大学，于2014年开始在本科培养方案中将"当代中国外交"课程列为专业必修课和英语语言文学专业国际事务与国际关系方向研究生专必课；华侨大学则进一步提升"当代中国外交"课程的复合型应用价值，开设了"外事礼仪"专业选修课。

表 3-1　国内开设"当代中国外交"课程的大学

大学	外交学	国际事务与国际关系	当代中国外交
北京大学	√		√
中国人民大学	√		√
外交学院	√	√	√
厦门大学	√		√
吉林大学	√		√
武汉大学	√		√
北京外国语大学	√		√
上海外国语大学	√		√
天津外国语大学	√	√	√
西安外国语大学	√		√
大连外国语大学		√	√
四川外国语大学	√		√
北京第二外国语学院		√	√
广东外语外贸大学	√		√
北京语言大学		√	√
安徽大学		√	√
华侨大学		√	√
湘潭大学		√	√
广西民族大学		√	√
湖北大学		√	√
暨南大学		√	√
宁波诺丁汉大学		√	

续表

大学	外交学	国际事务与国际关系	当代中国外交
西交利物浦大学		√	
昆山杜克大学		√	

根据《普通高等学校本科专业目录（2020版）》规定的外交学、国际事务与国际关系专业的课程设置体系，"当代中国外交"课程是主干课程。目前，外交学、国际事务与国际关系专业的留学生难以达到国家对来华留学生的人才培养要求。此外，通过对国内"当代中国外交"课程任课教师的问卷调查和访谈，发现当前"当代中国外交"课程教学实践存在三方面的困境：一是教学模式保守。教师主导课堂，师生互动少，答疑解惑弱。二是教学思路保守。重知识传授，轻能力培养，实践教学缺乏硬件保障。三是教学设施匮乏。即使教师尝试进行翻转课堂等教学创新，也难以激发学生的自主学习能力，尤其是实践精神的培育。

影响"当代中国外交"课程教学效果的因素有五个：教学时间短；教学要求高；授课对象杂；教师技能储备不足；大学人才培养理念具有差异性。

教学时间不足直接缩小了"当代中国外交"课程的范围。"当代中国外交"课程是外交学、国际事务与国际关系等涉外专业的必修课，同时也是面向本科与研究生的通识课，与国际化应用型人才的办学理念相契合，在教学计划中占有重要地位。然而，与管理类课程的教学规划相比，"当代中国外交"课程仍

存在课时量不足的问题，通常仅为51课时，这使教师很难达到"当代中国外交"课程教学所需要的精、深、广的要求。❶

教学要求过高增大了"当代中国外交"课程的教学难度。由于当代中国外交的知识体系具有较高的学理性，属于支持高端外事人才培养的理论型课程，因此"当代中国外交"课程的教学目标高于外事类高校对外事人才的教学要求，甚至更高——因为外交学和国际关系专业的外事礼仪教学目标要求中外学生都要掌握中国外交的基础知识，形成跨文化交流的思维范式，熟练应用外事实践技能。由于外事人才培养目标过高，导致"当代中国外交"的课程设计必须将中国国情概况、当前国际政治形势、中国对外交往通则等内容纳入其中，使教师很难在有限的课时内将其系统地传授给学生。

教学对象的专业差异影响了"当代中国外交"课程的教学效果。"当代中国外交"课程的教学对象存在学科上的差异性，往往面临着"众口难调"的困境。由于传统的"当代中国外交"课程教学多是小班授课，采取的是精英式教学，能够做到对少数来华留学生的深入辅导。但随着选课人数的激增，特别是教育对象的专业背景日趋多元化，教师不得不放弃传统的授课方式，尽可能基于学生学识结构的共同点进行教学，采取"就低不就高"的教学方针，这不仅使教师力不从心，更容易导致教学效果滑坡，教学内容难以深化。

---

❶ 肖晞.当代中国外交教学的缺失与启示[J].世界经济与政治，2010（5）：66.

授课教师的技能缺失弱化了"当代中国外交"课程的实践性。虽然开课高校都肯定当代中国外交的知识传授在涉外人才培养过程中的重要性，但大多数"当代中国外交"课程授课教师并没有充分的外事实践经验与知识积累，因此在授课过程中往往忽视了"当代中国外交"课程的操作性环节，从而不可避免地出现重知识传授、轻技巧演练的授课思维。

大学人才培养的理念差异性造成"当代中国外交"课程理论与实践的长期失衡。公立大学和综合类重点大学，普遍重视对学生学术能力的培养。"当代中国外交"课程大多处于外交学学科体系的核心地位，造成外事专业的师资培训和教学资源的长期超负荷运载，从而限制了国际化人才培养的专业知识储备不足。在独立学院和中外合作办学的高校，重视学生外事沟通、外事谈判的应用性技能训练，而对学理性知识重视不够，这造成人才培养忽视了掌握外交学、国际事务与国际关系专业的基础性学理知识，使国际化人才培养难以实现高端化。毕竟高层次国际化人才培养的实质是依靠学科知识完整性来获得职场上的可持续竞争力。

之所以会出现教学实践中的困境，是因为"当代中国外交"课程的特殊性。该课程要求教师既要深入浅出，使学生掌握外事交往的精髓，同时又要在课时和教学对象特点的限制下保证教学质量不滑坡，这对于教师来说无疑是巨大的挑战，也是外语外事类高校素质型课程教学改革的难点之一。因此，要实现"当代中国外交"课程"外语＋专业＋视野"的培养目标，势必要打破传统的教学模式，寻求一条适合该门课程的教改思路。

鉴于此，为了提升外交外事人才的国际视野与跨文化交往自信，培养学生具备外事人员的外事素养和国际交往视野，需要从人才培养质量的高度审视"当代中国外交"课程的教学成效提升问题。对于所有涉外专业的人才培养，"当代中国外交"课程的溢出效应能够提升外语、翻译、国际经贸等专业与外交学、国际关系、国际事务与国际关系专业的跨专业复合人才培养成效，真正做到国际化人才能够为国所用。❶

2. 研讨式教学法与"当代中国外交"课程的融合理念

符合中国现代化建设需要的新人必须能够在其日益增长的理解能力、身体素质和内在情感等方面建立一种和谐状态。❷ 这种和谐是一种发乎留学生内心的意识，不仅表现为留学生的身心和谐，还表现为留学生与外界之间的和谐。在教育教学的所有环节，遵循"一切从人出发，一切为了人"，人本主义原则始终贯穿于和谐施教之中，"以学生为先"是其基本内涵。"以学生为先"是指大学教学应着眼于全体留学生的全面发展，不仅培养留学生的知识获取能力，更关注提升留学生的综合素质，帮助留学生形成良好的认知、美好的情感和完好的个性。❸ 在"当代中国外交"课程的教学中，可向留学生传授基本的研究方法与资料搜

---

❶ 裴文英.高校发展视野中国际化人才培养研究[J].江苏高教，2007（6）：79.

❷ 周光迅.科学发展观与大学理念创新[J].教育研究，2005（7）：53.

❸ 刘经南.研究型大学教育理念之思考：在2004年两岸校长论坛上的发言[J].中国高教研究，2005（3）：7.

集途径，帮助留学生寻找、搜集和有效利用学习资源，选定合适的研究课题；引导留学生对学习过程和结果进行综合评价。可以说，在实施研讨式教学法之后，教师在教学的同时也是学习的参与者，能够与留学生分享自己的想法和情感，及时根据留学生的学习反馈信息修正教学计划，留学生也普遍感受到被尊重感，从而提升了学习的积极性与主动性。

在当前的大学教育中，教研相长是大趋势。学校一般都会要求教师潜心学问，多出成果。不少教师也能在提升自身科研水平的同时，逐步改善教学水平。然而对于留学生来说，教学与科研仍是两张皮。此外，学校管理者应鼓励教师积极参与学术交流活动，开展教学改革实践；允许留学生发表关于教研实践的独立见解，注重培养留学生的求异思维与研究意识。[1]

在将研讨式教学模式引入"当代中国外交"教学实践之初，需要拟定检验教学效果的三条标准：一是广泛调动留学生的学习积极性与主动性；二是提升留学生的学术意识；三是绝大多数留学生支持此种教学模式。为了检验教学质量并不断完善这种教学模式，可在期末鼓励留学生根据个人体验撰写评学议教文章，并采取无记名网上问卷调查的方式对参加过研讨式教学模式实践的留学生进行调查。根据最新统计数据，研讨式教学模式在"当代中国外交"课程中的应用成效显著，受到广大留学生的热烈欢迎。近83.3%的留学生认为研讨式教学法提升了自身对专业课的

---

[1] 李年终.研讨式教学研究评述[J].南华大学学报（社会科学版），2001（1）：69.

兴趣；92.4%的留学生认为研讨式教学法有助于自身的问题意识与科研能力的提高，坚定了其在中国读研的信心；近95%的留学生认为，研讨式教学法使之真正感受到了学术的魅力，愿意同中国同学和教师学习、交流，感受中国崛起的文化力量。正因为留学生从该种教学法中获益匪浅，所以3/4以上的留学生呼吁将这种教学方法推广到国际关系专业其他课程的教学中去。❶

四、培养留学生的独立创新意识

越来越多的大学认识到处理好理论知识和实践能力之间关系的重要性，努力将留学生培养成学习型人才，使其具有不断自我更新和持续创新的能力。结合"当代中国外交"课程的教学实践，下面主要从四个方面阐述如何培养留学生的独立创新意识。

首先，创新教学内容。"当代中国外交"课程是一门时事性极强的课程，涉及国际关系史、中国近现代史、外交学、世界经济、国际战略学等领域。同时，中国外交实践的步伐日益加快，而相关教材一般几年才修订一次，这无疑导致了教学内容的滞后。为此，建议采用国内最新出版的教材，并在此基础上结合中国外交实践的最新成果，调整和完善教学内容。一是教学内容系统化。通过讲授"当代中国外交"课程的发展脉络与基本观点，对留学生进行马克思主义国际关系理论、中国外交决策的战略视野等方面的教育，系统化留学生对中华人民共和国成立以来

---

❶ 胡志平.大力发展来华留学生教育 提高我国高校国际交流水平[J].中国高教研究，2000（3）：32-35.

外交实践的全局认识。二是鼓励留学生研读党的十九大报告，了解中国外交实践的指导方针，思考当代中国外交面临的机遇与挑战。❶

其次，创新教学方式。"当代中国外交"课程教学必须有足够的课时保证。教师应严格遵循教学大纲的要求，融知识性、学术性、趣味性为一体，用留学生喜闻乐见的方式讲授该课程的基本知识。例如，对和平共处五项原则、"一国两制""一边倒"外交战略、中国睦邻外交等知识采取课堂讨论的方式深化理解。此外，在讲述中国当代外交史时，通常需要就相关内容与中国近现代外交史进行比较，如晚清洋务运动与民国修约外交的比较、中国融入国际秩序的模式演变等，通过比较既强化了课程的深度，也提高了留学生学习的兴趣。

再次，创新教学思维。创新教学方法的核心动力是强调问题意识，坚持发散性教学思维体系。在该课程的教学中，建议引导留学生进行多视角探索，鼓励留学生发表自己的观点，以激发其学习动机和兴趣。❷

最后，创新教学方法。可运用案例分析法进行教学。运用案例教学有助于加深留学生对中国外交决策制度和国内外战略环境的认识和理解。例如，通过介绍勃列日涅夫时期"苏攻美守"的

---

❶ 杨大伟，高磊.新时期高校发展来华留学研究生教育的困境与举措[J].学位与研究生教育，2021（7）：65.

❷ 肖洋.阶梯式体验：国际化人才培养成效提升路径探析[J].黑龙江工业学院学报，2020（6）：1-8.

国际态势，选择尼克松访华及中日建交为研讨案例，可以使留学生深入了解美国的安全战略、苏联外交政策中的实用主义原则、冷战期间大国与小国的关系。因势利导地运用案例式与启发式相结合的教学法，能够提高该课程的整体教学水平。此外，凡是能促进留学生积极思考，引导留学生分析问题且提高理论水平和实践能力的教学方法，都可运用到研讨式教学的各个环节。

综上所述，将研讨式五步教学法引入国际政治学科的教学中，有助于为留学生提供培养能力、发展自我的平台和机会，从而极大地调动他们学习的积极性与主动性。

第四章

国际事务与国际关系学教学经典精读实践分析

在人类社会日益复杂、专业知识不断迭代、学生信息获取渠道愈发多元的新时代背景下，从国际关系相关专业综合改革的角度出发，学科建设的进一步完备与针对教学对象的教学模式改进必须齐头并进。这就为专业课程体系设计与教师的教学思路转变提出了更高的要求。

国际关系相关专业的基础学科是政治学。政治学在长期的发展过程中既积累了不同时期的大量经典著作，又构建了完备的知识体系。对本科低年级学生而言，一方面需要在通识教育的基本框架下阅读经典以提高综合素质；另一方面又需要系统、全面地了解一门学科的整体内容，从而为进一步的专业学习打下基础。如果能够将二者结合起来，将十分有利于学生在大学阶段全面的专业学习。

对经典著作的精读与研究性学习通常是研究生阶段与本科高年级阶段采取的教学方法。对本科低年级学生来说，由于基础知识相对欠缺，教师采用这种教学方法比较困难。但就政治学学科特点及对本科低年级学生的培养需要而言，只要能够做到有针对性的教学准备与实施工作，对经典著作的精读教学能够起到事半功倍的作用，获得良好的教学效果。

"现代西方政治哲学"这门国际关系专业选修课在培养方案的总体设计思路中，是专业必修课"政治学原理"的辅助性课程，旨在引领学生进入现代西方政治学的学科领域与思维框架，熟悉相关学科的基本概念，为系统学习政治学理论提供支持。以下将围绕知识、方法、能力的多维教学目标，在基础准备、全书精读、中西比较三个教学阶段与教学方式中，结合"现代西方政治哲学"的实际教学情况与经验来讨论面向本科低年级学生的经典精读教学。

第一节 基础准备

一、学科基础

如前所述，对本科低年级学生的政治学教学既需要通过阅读经典提升整体人文素养，又需要为其搭建全景式的学科框架与知识体系，从而为高年级阶段的专业学习打好基础。本书认为，必须在经典选择上下功夫，在二者之间找到平衡点。

就一学期的课程体量而言，如果以思想史为脉络或者以政治学学科体系为框架挑选多本经典，对选取的若干经典进行概述或者从中摘取各自的重要章节进行阅读讲解，对本科低年级学生来说势必流于走马观花，难以实现进入现代西方政治学学科领域以配合政治学理论系统学习的目标。如果能够通过以一本经典为中心进行精读，则可以集中、深入地带领学生领略政治学的基本理论，同时以经典著作自身的写作逻辑贯穿主要知识点，在教学过程中训练学生的阅读方法和研究方法，培养学生的思维能力、理解能力、逻辑能力、比较能力，以至于在智性提升的基础上形成情感共鸣与升华。

因此，问题就转化为选取一本能够展现现代政治学学科基础的经典著作作为课程精读的核心文本。人类有史以来积累的书籍浩如烟海，但能够真正影响人类文明进程、确立一门学科基础、给人类带来重要启示的经典是很少的。所以，读书要读经典，对本科低年级学生来说更是如此。经典之所以成为经典，不单是因为它写得好、对涉及的问题作出了重要的思考，更重要的是，它着眼于终极性问题。这种终极性问题对人类来说永远存在，只是表现的形式不同。所以，任何时候读都可以从经典中获得启示，经典中的问题值得不断反复、深入地思考。在本科低年级阶段引导学生发现经典、进入经典将使学生终生受益。虽然学生在初始阶段还难以体会其中深意，但随着精读与思考的深入及知识结构的不断完善，经典的意义将逐渐显现。下面以霍布斯的经典著作《利维坦》为例进行说明。

霍布斯与他之前的马基雅维利和布丹可以说是中世纪与文艺复兴之后现代西方政治学的奠基人。而相对于其他两位思想家，霍布斯在《利维坦》中展现的政治学说体系有着更为坚实的哲学基础，论及政治的各个方面而更加完备，是讨论现代西方政治哲学的起源与基础，能够实现在教师的指导下通过研读该著作构建现代西方政治学基本知识框架的目标。学生由此进入现代西方政治学的思想视域，理解其中重要思想与知识的基本内容及其相互关系，掌握现代西方政治学最重要的基本概念与逻辑框架，初步形成相应的学习和认知路径，进而了解现代西方政治学的问题意识，从而对西方现代性的思想与现实发生机制及其内在困境有初步感知。

对本科低年级学生来说，阅读一部四个世纪之前的艰深经典的门槛还是比较高的。因此，必须首先作基础知识与时代背景的必要准备，帮助学生进入著作内容的情境与阅读这部著作的心境。在课程的前几次课中，可以引导学生思考"现代""西方""政治""哲学""政治哲学"等最基本术语的概念。在这个过程中，注意联系个体经验（如每个人都身处权力关系之中）与当下社会现实，使学生不是单纯从知识角度进行认知，而是对基本概念产生更加真切的感知。此外，引导学生回到词语的原初含义，避免习以为常的日常观念带来的干扰，体会政治这门学科理解世界的出发点。

然后，带领学生初步了解现代西方政治哲学的主要思想与发展变化，对霍布斯的思想与《利维坦》进行思想上的初步定位。对于这种极其抽象的思想史问题，主要采取的策略是引导学生在高中历史知识的基础上锁定霍布斯与《利维坦》所处的时代背景，并与学生已经接触过的国际关系史知识相勾连以相互印证。现代性（modernity）是一个整体现象，是整个西方文明自现代以来种种表现的有机整体。而现代政治是现代性的一个突出表现，最明显的现代政治特征就是民族国家（nation state）的产生及其体系的确立和发展。

民族国家体系是1648年通过威斯特伐利亚合约建立起来的威斯特伐利亚体系。民族国家的确立不只是在国际关系层面或者国内政治层面发生，其以整个现代性为背景。而且，也正是民族国家本身的确立才产生了现代意义上的国际政治和国内政治。

此外，任何一个学科都不是孤立的。虽然近代以来，各个学科的划分越来越明确、精细，但相互之间仍然保持着复杂的联系。因此，对政治学学科基础的夯实也自然地延伸到其他学科领域。例如，在教学过程中可以展示几件西方艺术史中不同时代的著名作品，分析现代与古典之间千丝万缕的联系，正如现代政治与古代政治的关系一样。以此说明，西方文明发展进程中产生的变化是非常复杂的。由此，通过讨论关于西方艺术史中不同时代的作品与时代演进之间的关系，使学生对不同学科之间的关系有一些初步印象。这一过程也有利于理解《利维坦》及其时代。有了这些关于政治学学科与核心阅读文本的整体初步认知，就可以开始对著作进行精读。

二、研究方法

在知识层面搭建学科框架的同时，教授研究方法、培养良好的学术研究习惯与意识对本科低年级学生而言极其重要。围绕《利维坦》这部经典著作，可通过推荐参考书目向学生展现围绕核心文本进行学术研究的次第。第一，阅读关于西方政治思想史全貌的通论，先以历史顺序对西方政治思想的演讲有一个基本的把握，从而对《利维坦》这一核心文本进行初步定位。第二，由易而难可以参考唐士其的《西方政治思想史》、萨拜因的《政治学说史》、列奥·施特劳斯的《政治哲学史》及《自然权利与历史》。虽然这些著作的理解难度仍然较大，但即使形成模糊的第一印象也有意义。第三，研读关于霍布斯不同范围、深度的研究文献。从最基本的霍布斯思想概览（如"最伟大的思想家"系列中的《霍布斯》）到一般性思想史研究（如吴增定的《利维坦的道德困境：早期现代政治哲学的问题与脉络》），再到更为艰深的重点问题研究（如斯金纳的《霍布斯与共和主义自由》），最后是各类带有更多作者思想倾向的著作（如施特劳斯的《霍布斯的政治哲学》）。此外，还可引导学生阅读外文研究文献原文，更为广泛、深入地了解国际学术界的研究活动和成果。

在上课过程中，可引述重要的思想史研究者的评价、分析和思想。例如，英国著名政治思想家奥克肖特称霍布斯的《利维坦》是用英语写作的最伟大的甚至是独一无二的政治哲学杰作。另一位著名的犹太裔美国政治思想史家施特劳斯也说，近代文明的理想，不论资本主义的，还是社会主义的，都是由霍布斯奠基的。他的深刻、清晰、直率都无人能及。此外，施密特、斯金纳等人也都专门论述过霍布斯的政治哲学。通过对这些材料的引述，向学生表明思想家的地位是被后世解释出来的，整个思想史就是这样一场永不停息的对话，同时也为学生打开了学术研究的大门，开始有研读文献的学术意识。

与此同时，还要研读霍布斯的其他著作，如《法律要义》《论公民》《论物体》《论人》《贝希摩斯》等，在对霍布斯思想整体理解后具体探究其思想的发展变化与思想内核。而作为现代西方政治哲学的奠基者，霍布斯的思想对现代性的确立及展开也有着极其深刻的影响，对现代性及由此延伸开来的各个思想领域的相关研究也有助于更好地理解霍布斯及《利维坦》的思想。

三、思维能力

《利维坦》作为霍布斯最重要的著作，不仅确立了现代西方政治学的核心结构、基本框架和主要问题，同时也和近现代早期的许多著作一样，是一部涵盖多个学科、涉及社会与精神生活诸多层面、充满人生智慧的经典。它从霍布斯的经验论哲学出发，以严密的逻辑推导构建起利维坦的理论基础，并以许多历史和现实的材料加以支撑。对这样一部著作进行精读非常有助于锻炼学生的思维能力。

在解释最基本的学科概念时，不仅使学生了解这些术语概念的含义，更重要的是引发学生的思考兴趣，帮助学生建立起在面对难以理解的抽象问题时进行独立思考的信心。此外，思维能力中很重要的一个方面就是大局观。《利维坦》探究的是国家这个庞大的权力机器。时至今日，我们日常生活中几乎时时刻刻都在和国家发生关系。我们所有的社会秩序都是由国家保障的，尤其在各种非常状态下。

在宏大的历史视野中，国家这样一种政治形态是近代的产物，是今天的普遍政治形式。这样一种国家形态，在思想、观念、组织架构上就是由霍布斯这样的现代西方政治哲学家奠定的。霍布斯对国家的根本理解——以契约论将国家权力建立于公民最基本利益的基础上，确立了西方现代政治学、现代西方政治哲学的基本框架。这样一种对大局观的拓展有助于学生思维能力的提高。

第二节　精读分析

一、主要知识点与思想

在基础内容有了一定准备的条件下，可以带领学生进入对《利维坦》的精读：根据教学计划在每次上课前精读原著的指定部分，理解《利维坦》的主要思想及其中的相关知识点，课上跟随教师讲解积极领会思考，理解所讲内容，课后复习并思考教师布置的作业题以巩固对知识点和思想的理解。

针对书名《利维坦》的理解，通过分析《圣经》原文，并结合此前关于《利维坦》全书主要内容与观点的概述，使学生更加深入地理解霍布斯以"利维坦"为书名所隐含的思想及对神—人—国家关系的认识，同时也让学生体会到精读的深度为阅读与理解带来的实质性效果。利维坦是《圣经》中描述的巨兽，力大无比，一般以此来形容国家权力之大。但如果进一步深入《圣经·约伯记》中关于利维坦的描述，可以发现更为复杂的关系。在《圣经·约伯记》中，约伯是一个非常正直的人，而且不论遭受任何灾难，都始终保持对上帝的坚定信仰。不过，他也对上帝为什么考验他充满疑惑，因为他知道自己从来没有犯罪或者违背信仰。上帝在与约伯的对话中并未告诉他为何让他受难，只是以一系列反问告诉约伯，人根本没有资格向神发问。

上帝向约伯介绍了它创造的两个神兽，贝希摩斯和利维坦。《圣经·约伯记》第41章描述了利维坦在形态、力量上的强大和不可侵犯，表明利维坦是上帝创造的，拥有远超人类的力量，在世间无所惧怕、称王称霸；上帝这种创造万物的力量本身是人不能想象的；利维坦不可能与人立约而做人类的奴仆。

由此，霍布斯通过利维坦这个名字暗示了许多关于国家这个"利维坦"的含义。《利维坦》的引言开宗明义地明确了，利维坦是人造人，是人创造的。这意味着人与利维坦之间存在着双重关系：一方面，从《圣经》的描述出发，上帝创造了远胜过人类的利维坦，或者说利维坦象征着上帝不可测度、无可比拟的力量，人无法与之抗衡。因此，利维坦在政治中代表的国家的权力也是所有人在交出自己的权力来换取利维坦对所有人的保护时无法反抗的。另一方面，作为国家的"利维坦"是人创造的。因此，人是比国家更绝对、更高的力量。而且，从创造利维坦的初衷出发，人是为了一个特定目的创造利维坦的。如果利维坦违背了这个目的，那它存在的意义就不复存在了。因此，人和国家这个"利维坦"处在相互矛盾的两种关系中。通过这种分析，学生就能初步理解霍布斯对于国家的复杂理解和认识。

在解释"欲望"这一霍布斯人性论与政治哲学核心概念的时候，本书结合多个学科的内容对这一知识点进行了复调式的解释。在霍布斯看来，人生活及与人共同生活是为了幸福，而所谓的幸福不是心满意足、不求上进的彼岸理想，而是现世现实："幸福就是欲望从一个目标到另一个目标不断地发展，达到前一个目标不过是为后一个目标铺平道路。所以如此的原因在于，人类欲望的目的不是在一项间享受一次就完了，而是要永远确保达到未来欲望的道路。"❶ 也就是说，幸福是欲望不断满足、发展的过程。根据霍布斯的经验论，由于欲望是人的运动倾向，而外界自然运动永不停息，因此对人永恒地产生作用，使人产生感觉、想象、经验，相应的内在自觉运动也就不可能停息，永远有新的欲望产生。霍布斯说："我首先作为全人类共有的普遍倾向提出来的便是，得其一思其二、死而后已、永无休止的权势欲。造成这种情形的原因，并不永远是人们得陇望蜀，希望获得比现已取得的快乐还要更大的快乐，也不是他不满足于一般的权势，而是因为他不事多求就会连现有的权势以及取得美好生活的手段也保不住。"❷ 他认为，全人类普遍倾向是永无休止的权势欲，而之所以永无休止，就是因为在人类的生活世界里，逆水行舟不进

---

❶ 霍布斯.利维坦[M].黎思复，黎廷弼，译.北京：商务印书馆，1985：72.
❷ 同❶.

第四章 国际事务与国际关系学教学经典精读实践分析

则退。

为了便于学生理解知识点，拓展学生知识面，使课堂氛围更加轻松，在此引入其他两个学科领域的材料以作支撑。一个是文学领域。英国作家刘易斯·卡洛尔的作品《爱丽丝梦游仙境》的续篇《爱丽丝镜中奇遇记》中，红皇后（red queen）对爱丽丝说："在这个国度中，必须不停奔跑才能保持在原地。"与此相关，还提及学生们都很感兴趣的经典科幻电影《生化危机》系列，其中的女主人公也叫爱丽丝，而故事中的超级计算机红皇后也正是出自《爱丽丝梦游仙境》。另一个则是生物学领域。在生物学中有一个关于协同进化（coevolution）的理论被命名为"红皇后假说"：生态上密切相关的物种相互关联地进化。协同进化的结果是相互适应（coadaptation）。物种之间形成非常复杂的相互作用、相互依存的关系，保持动态平衡。在物理环境条件相对稳定的情况下，物种之间的关系构成驱动进化的选择压力。一个物种的任何进化改进可能构成对其他相关物种的竞争压力，所以，即使物理环境不变，物种间关系也可能推动进化。

在霍布斯的认识里，人类公共生活的世界也是这样一个每个人必须永不停息地去满足自己的欲望，然后再产生新的欲望才能保持现有权力的世界。对于这些欲望本身，也就是每个人欲望的对象，霍布斯没有直接的倾向和偏见。霍布斯只是将这样一种客观的现象和机制描述出来，作为后面理论的前提。通过与其他学科及更有趣味性的内容相结合，学生对霍布斯所描述的这种欲望有了更丰富的认识和更深的理解。

二、阅读方法

对《利维坦》的精读伴随着在实践中掌握阅读经典著作的基本方法。

事实上，在学习这门"现代西方政治哲学"课程之前，学生们在入学之初就参加了针对本科新生的名著研读展示活动。在入学时，院系的教师为新生开列了名著书单；在以小组为单位的展示活动中，每组选定一本书，让学生在6~8分钟针对所读书目的内容、阅读中收获的启示进行展示，鼓励学生在对所读书目内容与精神内核进行准确理解和独立思考的基础上创新。

通过这样的研读展示活动，学生们不仅多读了一本书，更重要的是通过个人阅读与小组讨论进入了一个学科领域，开始摸索适合自己的阅读方法，培养了读书、研讨的良好习惯，营造了共同学习、互相帮助的氛围。

在精读授课时，可带领学生掌握研究目录的方法，让学生不带任何先入为主的观念仔细研究《利维坦》的目录，了解其主要逻辑框架。首先是引言，作者霍布斯将读者引入这本书，引入作者的思路。然后是全书的四大部分："论人类""论国家""论基督教体系的国家""论黑暗的王国"。前三部分比较容易理解。先从人本身开始论述，接下来进入由人组成的国家，然后是一种比较特殊的国家——基督教体系的国家。第四部分"论黑暗的王国"在没有进入著作本身的阅读时难以预期。对于第一级标题，留下了两个问题。首先，基督教体系的国家相对于一般而言的国家有什么特殊之处？其次，"黑暗的王国"到底指什么？留下的两个问题要等看过第二级标题及原文之后才能有所了解。

接下来，进入第二级标题。第一部分"论人类"一共16章，每一章讨论一个对象。在此，提示学生在浏览这16章的标题之后思考这16章如何进行分组。在学生阐发了自己的理解之后，教师再解释自己的思路。这16章从感觉开始，然后是想象、想象的序列、语言、推理、激情、决断、智慧之德、知识主题。前9章讨论的是人如何认识世界、表达思想，只涉及一般的个体精神活动。从第10章开始进入人类群体这个范围，讨论社会性事务，权势、身价、地位、尊重、资格、品行、宗教、幸福与苦难、自然律契约法、其他自然法、授权和代表，都是在人与人之间发生的，涉及复数的人。在这个过程中，使学生对各章的总体安排，以及教学安排本身，都有了进一步的理解。

第二部分"论国家"一共15章。学生在有了之前的阅读经验后，更易于理解其他章节。这一部分包括人组成国家之后集中讨论国家的相关内容，如国家的产生、主权者及其继承，行政方面的治理，立法司法方面的治理，以及最后的解体与向第三部分的过渡。

在第二部分讨论了一般的世俗国家之后，就进入对基督教国家的讨论：政治原理，关于圣经的解释，然后是教会、先知和王，救世主的职分（与世俗的关系）等。这些涉及基督教的相关知识。

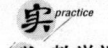

第四部分包括对《圣经》的误解、魔鬼学、空虚哲学和神怪传说、黑暗。学生至此已经大概能猜到此部分是对于第三部分错误的批判。

最后是综述与结论。由此,通过对目录的仔细阅读与思考,学生就大概了解了《利维坦》的主要结构,并且即使只是看目录就已经有了不少收获和理解,从而进一步增强了阅读的信心。

对本科低年级学生来说,在知识与阅历还不够丰富的情况下,不宜以更多的批判性来审视思想家及其著作,首要的还是从理解思想本身开始。这些对阅读方法的指导伴随着学生精读的过程,理论与实践由此得到结合。

三、逻辑能力

无论是对著作的理解,还是以后撰写论文、从事学术研究,以至于走上社会从事任何工作,逻辑能力都是极其重要的一项能力。对这一能力的培养同样贯穿书本的精读与教学过程。

在霍布斯从自然状态到自然权利与自然法(自然律)复杂而精密的论证中,通过深入分析原文(包括其中的语法结构),能够揭示霍布斯论证的关键之处。霍布斯首先区分了权与律。权(right)意味着一种做或不做的自由,而律(law)意味着一种义务或约束,是理性的约束。自然律的"自然"表示本来如此,应当如此。因此,霍布斯所说的是自然律的两个"禁止"——禁止人们去做损毁自己的生命或剥夺保全自己生命的手段的事情,并禁止人们不去做自己认为最有利于生命保全的事情,实际上是从自然权利（right）出发而来的。但他通过以下的转换，把自然法（自然律）凸显出来："因为人们的状况正像上一章所讲的一样，是每一个人对每一个人交战的状况；在这种状况下，人人都受自己的理性控制。凡是他所能利用的东西，没有一种不能帮助他抵抗敌人，保全生命。这样说来，在这种情况下，每一个人对每一种事物都具有权利，甚至对彼此的身体也是这样。因此，当每一个人对每一事物的这种自然权利继续存在时，任何人不论如何强悍或聪明，都不可能获得保障，完全活完大自然通常允许人们生活的时间。于是，以下的话就成了理性的戒条或一般法则：每一个人只要有获得和平的希望时，就应当力求和平；在不能得到和平时，他就可以寻求并利用战争的一切有利条件和助力。"❶ 这里所说的一般法则与此前所说的两个禁止是什么关系呢？这就需要更加细致地分析文字表述"这种戒条或一般法则禁止……并禁止……"，它不是直接说这种戒条或一般法则是什么，而是说它禁止什么。

进一步的分析还需要深入英文原文：

And because the condition of man···is a condition of war of every one against every one, in which case every one is governed by his own reason, and there is nothing he can make use of that may not be a help unto him in preserving his life against his enemies;

---

❶ 霍布斯. 利维坦[M]. 黎思复，黎廷弼，译. 北京：商务印书馆，1985：72.

it followeth that in such a condition every man has a right to every thing, even to one another's body. And therefore, as long as this natural right of every man to every thing endureth, there can be no security to any man, how strong or wise soever he be, of living out the time which nature ordinarily alloweth men to live. And consequently it is a precept, or general rule of reason: that every man ought to endeavour peace, as far as he has hope of obtaining it; and when he cannot obtain it, that he may seek and use all helps and advantages of war.

　　第一个 and 接续的是权与律的区分。所以后面的内容都与这个区分有关。这是一个非常重要的暗示。在这个 and 之后，这段话里又接连出现了三个作为分句或句子之间连词的 and，直到最后表述自然律。这实际上是一个不断提升递进的连贯过程。首先，人的自然状态是每个人反对每个人，每个人都可以利用所有东西自我保全，由此产生了 right, natural right。这个 right 几乎是无限地延伸的一切物乃至人，因此导致人反而没有保障的悲惨境地。到最后一个 and 之前，霍布斯已经把这个 right 的后果推至极限。然后，在这个关键时刻，自然律出现了。它要求人类不能这样打下去，而是要追求和平。那自然律是怎么来的呢？这时可调动学生回忆此前讲到的第 13 章的最后一句话："使人们倾向于和平的激情是对死亡的畏惧，对舒适生活所必需的事物的欲望，以及通过自己的勤劳取得这一切的希望。于是理智便提示出可以使人同意的方便易行的和平条件。这种和平条件在其他场合下也称为自然律……"❶可见，是理性、理智（reason）带来了自然律。

在自然状态下，人也是在理性支配下的。人并不是要发现自然律的时候才有理性，而是一直秉有这种理性，所以才能在自然状态中发现自然律。自然权利的战争和自然律的和平并不是矛盾的，而恰恰是在理性上连贯起来的。也就是因为这样，自然律要禁止主动的自我伤害和被动的不自保，因为它们与自然权利相悖。自然律从自然权利出发，但到了比自然权利更高的层次，回过头来保护自然权利。那么，既然自然权利已经如此坚实了，为什么还需要自然律呢？因为霍布斯希望把利维坦建立在这样一个有强制性、义务性约束的理性基础之上，而不是单纯依靠一种自然权利的自由，由此才能证明利维坦是必然、不得不、必须要建立的。伴随着这样的精读，学生得以更加深入地理解霍布斯的论证逻辑，同时也提高了自身逻辑能力。

此外，通过撰写读书报告也能够将逻辑思维能力转化为语言表达的能力。为此，可要求学生就《利维坦》全书或其中某个部分，或者自己在阅读《利维坦》的过程中发现或感兴趣的一个问题、一个线索来撰写读书报告，将阅读与拓展性研究过程中理解、掌握的知识与收获的思考、启发、感悟有机地组织在一起，形成对于一本书、一个问题系统性的理解和认识。

---

❶ 霍布斯. 利维坦 [M]. 黎思复，黎廷弼，译. 北京：商务印书馆，1985：96-97.

第三节　中西比较

在今日的学科、话语与现实世界的运作体系中，国际关系专业及政治学教学不可避免地涉及众多"西学"的知识与思想。但必须明确的一点是，除了客观的现实需要以外，学习西方政治学、西方思想更重要的是为了重新理解中华文明。只有有了西方这个参照物、立足点，我们才能重新审视自身，更清楚地看到中华文明中的闪光点。政治哲学可以说是西方文明中最深邃的文明成果之一，哲学的终极性与政治的普遍性在此结合。

因此，非常有必要在一门讲授西方政治哲学的课程中将中国与西方的哲学思想进行比较，由此使学生对所学内容有更全面的理解和掌握，对专业学习产生更大的兴趣。更重要的是，通过这样一次教学实践的探索，可以更加有效地阐释西方思想，创新对中国文化认同的方法和模式。

关于在西方政治思想史、西方政治哲学的教学中如何进行中西比较，目前还没有系统的相关研究，大多只是作为具体案例来阐述。在此，本书希望能够拓展在讲授西方学术内容的课程中通过引入中西比较这一维度，使教学内容得到更多层次的呼应，乃至总结出中西比较的若干模式及与教学实践的结合方式，同时也使学生对中西文化之间的关系有更多的思考。

一、强化理解

在讲解霍布斯的经验论哲学时,一个很重要的知识点就是西方传统认识论中表象与对象的分离。"因为这些颜色和声音如果存在于造成它们的物体或对象之中,它们就不可能像我们通过镜子或者在回声中通过反射那样和原物分离;在这种情形下我们知道自己所见到的东西是在一个地方,其表象却在另一个地方。真正的对象本身虽然在一定的距离之外,但它们似乎具有在我们身上所产生的幻象,不过无论如何,对象始终是一个东西,而映象或幻象则是另一个东西。"❶ 为了强化学生对这个知识点与思想的理解,可讲解《庄子》与《楞严经》中的两个段落,在中西比较中深入地剖析经验论哲学的思想要点。

在《庄子·秋水》中有一个非常著名的"濠上观鱼"的故事:

庄子与惠子游于濠梁之上。庄子曰:"儵鱼出游从容,是鱼之乐也?"惠子曰:"子非鱼,安知鱼之乐?"庄子曰:"子非我,安知我不知鱼之乐?"惠子曰:"我非子,固不知子矣;子固非鱼也,子之不知鱼之乐,全矣。"庄子曰:"请循其本。子曰汝安知鱼乐云者,既已知吾知之而问我。我知之濠上也。"❷

这段话字面意思很好理解,学生也都熟悉这个故事,在与

---

❶ 霍布斯.利维坦[M].黎思复,黎廷弼,译.北京:商务印书馆,1985:5.

❷ 陈鼓应.庄子今注今译:上册[M].北京:商务印书馆,2007:513.

霍布斯的论述进行对比的过程中能够意识到其中同样隐含着作为认识者的人与认识对象之间是否存在不可跨越的界限这一根本问题。由此，教师进一步引申，突出中西之间在此问题上的不同倾向。庄子最后的"狡辩"中所说的"本"通常被理解为他与惠施进行论辩时最开始的语境，但实际上也可以理解为一种根本性的境域。在惠施所代表的那种知识层面上，万物相对于人被对象化而泾渭分明，所以陷入不可知。而庄子则展现了更高妙的境界，即万物与我为一，原本即是融会贯通而不存在彼此的绝对界限，因而能够有最直指人心的觉知。在拓展"濠上观鱼"故事的同时，学生也对霍布斯的经验论哲学有了更进一步的理解。

在"濠上观鱼"这个更容易理解的比较基础上，可将《楞严经》中更具思辨性、理解起来更为困难的段落作为拓展。

阿难！汝更听此，祇陀园中，食办击鼓，众集撞钟，钟鼓音声，前后相续，于意云何？此等为是声来耳边？耳往声处？阿难！若复此声来于耳边，如我乞食，室罗筏城，在祇陀林，则无有我，此声必来，阿难耳处，目连、迦叶，应不俱闻？何况其中，一千二百五十沙门，一闻钟声，同来食处？若复汝耳，往彼声边，如我归住祇陀林中，在室罗城，则无有我。汝闻鼓声，其耳已往击鼓之处，钟声齐出，应不俱闻！何况其中：象、马、牛、羊，种种音响？若无来往，亦复无闻。是故当知：听与音

声，俱无处所。即听与声，二处虚妄，本非因缘、非自然性。❶

如果声音和人耳相分离而由此及彼或由彼及此地接近以实现听闻的目的，就会产生种种矛盾，因此二者都没有一个固定的空间性位置，而是在原本一体的相互关系中共同存在。学生在理解上可能有一定困难，但对中西之间不同的思想态度与模式有了一定的意识，为今后的学习留下了潜移默化的影响。

另外，在讲解涉及侮辱的第八条自然法时，霍布斯在论及原本在自然状态中人基本平等但在事实上的不平等完全是人为造成的（由市民法引起）这一论点时，特别强调了对亚里士多德根据人的智力差别区分治人者和治于人者的反对。在此，教师可讲解中国古代对治人者和治于人者的区分，也就是《孟子·滕文公章句上》中的论述：

"以粟易械器者，不为厉陶冶；陶冶亦以其械器易粟者，岂为厉农夫哉？且许子何不为陶冶，舍皆取诸其宫中而用之？何为纷纷然与百工交易？何许子之不惮烦？"曰："百工之事，固不可耕且为也。""然则治天下独可耕且为与？有大人之事，有小人之事。且一人之身，而百工之所为备。如必自为而后用之，是率天下而路也。故曰：或劳心，或劳力；劳心者治人，劳力者治于人；治于人者食人，治人者食于人：天下之通义也。"❷

孟子的意思很明确，治人和治于人只是社会分工不同而已，

---

❶ 赖永海.楞严经[M].赖永海，杨维中，译注.北京：中华书局，2010：92.
❷ 朱熹.四书章句集注[M].北京：中华书局，2011：241.

而不是单纯智力上的简单差异。朱熹对这一段的注解是:"君子无小人则饥,小人无君子则乱。以此相易,正犹农夫陶冶以粟与械器相易,乃所以相济而非所以相病也。"❶ 这就是中国古代对这种区分的开放性态度。当然,并不是完全抹除一切差异,人人皆可为尧舜不等于人人皆为尧舜。与这种理解相对,在西方的理解中,政治成了不同群体对抗博弈的领域。在霍布斯这里,他并没有根本地改变这一点,而只是基于人的平等将统治关系的产生归于同意。

在讲解利维坦的主权者禁止臣民私用奴仆数量超出必要限度时,教师可引用《资治通鉴》中司马光对孟尝君的评价来加深学生的理解。

臣光曰:"君子之养士,以为民也"。易曰:"圣人养贤,以及万民。"夫贤者,其德足以敦化正俗,其才足以顿纲振纪,其明足以烛微虑远,其强足以结仁固义;大则利天下,小则利一国。是以君子丰禄以富之,隆爵以尊之;养一人而及万人者,养贤之道也。今孟尝君之养士也,不恤智愚,不择臧否,盗其君之禄,以立私党,张虚誉,上以侮其君,下以蠹其民,是奸人之雄也,乌足尚哉!书曰:"受为天下逋逃主、萃渊薮。"此之谓也。❷

中国古代政治家从一切皆为万民计来判断臣子豢养门客的得

---

❶ 朱熹.四书章句集注[M].北京:中华书局,2011:241.
❷ 司马光.资治通鉴[M].北京:中华书局,2009:45.

失,而霍布斯是从臣民不应因为奴仆过多而威胁主权者的角度来进行判断。在这样的比较中,学生在学习西方政治思想的同时就能够体会到中国古代君王的政治智慧与德行。

二、发问方法

在具体的知识点比较之外,能够以适当的方式发问从而发现可以进行比较的点也是极其重要的。这就需要在教学中不断渗透相应的方法和意识。

在导论部分,教师在初步解释了哲学的概念后提出问题:中国古代思想是不是哲学?孔子的思想、老子的思想、庄子的思想,这些是不是哲学?以此引导学生思考中国古代传统思想体系与西方哲学的不同,然后向学生充分说明中国古代思想虽然不是西方意义上的本体论或认识论哲学,但同样是对终极性问题的系统性思考。这同时也导向了中西比较中最为重要的比较能力与情感升华。

三、比较能力与情感升华

在讲解阅读原著与了解作者情况以更好地理解知人论世的重要性时,教师可引用《孟子》《史记》中的相关论述。《孟子·万章下》:"颂其诗,读其书,不知其人,可乎?是以论其世也。""其人"指的是古代先贤。阅读经典不能不了解创造这些经典的人,而个体又与其所处时代紧密结合。知人论世就是这个意思。反过来,我们通过读书又可以了解这个人。司马迁在

《史记》里至少两次说到他读了某个人的作品之后"想见其为人"。一次是孔子,另一次是屈原。《史记·孔子世家》里有太史公曰:

《诗》有之:"高山仰止,景行行止。"虽不能至,然心向往之。余读孔氏书,想见其为人。……孔子布衣,传十余世,学者宗之。自天子王侯,中国言六艺者折中于夫子,可谓至圣矣!❶

在《史记·屈原贾生列传》里,司马迁又说:

余读《离骚》《天问》《招魂》《哀郢》,悲其志。适长沙,观屈原所自沉渊,未尝不垂涕,想见其为人。及见贾生吊之,又怪屈原以彼其材游诸侯,何国不容,而自令若是!读《鹏鸟赋》,同死生,轻去就,又爽然自失矣。❷

因此,读书与理解作者是统一的,是不断地相互印证,随之加深理解,化入自己内心深处。

在讲解过程中,教师可讲述古人对相关问题的精妙思考与论述,从而展现孔子、屈原等先贤的高贵品质和传世名作的巨大魅力,以及其对后世的深远影响。这与单纯讨论时代背景的因果关系相比,就有了更加厚重的历史感和文化感。

随着课程的不断深入,在讲授现代西方政治哲学的过程中,如何在政治思想、哲学思想、文化传统、政治制度、历史背景等

---

❶ 司马迁,裴骃,司马贞,等.史记(点校本二十四史修订本)[M].北京:中华书局,2013:2344.

❷ 同❶3018.

各个方面与中国的相应情况进行比较的思考也在不断拓展。这样的比较是对中国与西方不同层面的情况进行比较，旨在培养学生对中西差异的理性认识，在解释西方思想、讲授西方政治学知识的同时使学生以此为参照对中国各方面的情况有更深入的理解和更理性的体认，从而形成更加深厚的文化与民族认同，在情感上有所升华。

第五章

国际事务与国际关系学在线教育实践：SPOC 教学模式的综合运用

第一节 从 MOOC 到 SPOC

MOOC，即大型开放式网络课程，又称"慕课"。M 代表 massive（大规模），与传统课程只有几十个或几百个学生不同，一门 MOOC 课程参加的人员可能动辄上万人；第二个字母 O 代表 open（开放），以兴趣为导向，凡是想学习的，都可以进来学，不设门槛，只需一个邮箱，就可注册参与；第三个字母 O 代表 online（在线），学习在网上完成，不受时空限制；C 表示 course（课程）。

MOOC 始于 2012 年，美国麻省理工学院、斯坦福大学等高校率先推出了 Coursera、edX 和 Udacity 三大 MOOC 平台。由于是名校名师，顶级课程再加上顶级制作，课程质量和水平都非常高，这使 MOOC 很快从美国传播到了全世界。2013 年 5 月，中国内地高校走出 MOOC 第一步，清华大学与北京大学的教师

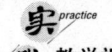

把部分课程搬上 edX，复旦大学及上海交通大学也在同年 7 月与 Coursera 正式签约。中国至今较为著名的 MOOC 平台有清华大学的"学堂在线"、网易云课堂推出的中国大学 MOOC、果壳的 MOOC 网等。

MOOC 作为在线课程教学的快速流行是因为自身具有许多优点。

第一，以视频形式开展课程教学易于学习。传统教学的开展要求师生时空上聚在一起，需要时间成本和资金成本。MOOC 作为远程教学的一种形式，师生时空分离是其一大特点，成本低廉的同时有利于个性化学习，再加上丰富、开放的学习资源，作为学习者无疑会乐在其中。

第二，课程结构的模板化设计使在线课程建设易于规范化。在 MOOC 中，学习的成就感和交流的欲望得到了满足，来自全球的课程注册者都可以对自己的作业进行评价，互相讨论，有助于高等教育的国际化。

第三，免费而且开放有助于推进优质教育资源的共享与高等教育国际化进程。MOOC 是一个完整的教学模式，有参与，有反馈，有作业，有讨论和评价，有考试与证书。MOOC 的开放使其轻易地辐射到那些原本无法享受优质高等教育资源的群体身上，成千上万的学生不需缴纳学费或只需缴纳少量费用就能参与 MOOC 上名师开设的课程。

第四，基于大数据的学习分析技术可以及时帮助教师和学生调整教学内容和学习计划。从实践情况看，MOOC 视频的交互性

第五章　国际事务与国际关系学在线教育实践：SPOC 教学模式的综合运用

和学生的可参与性更为重要，即通过设计和开发交互式或互动式的 MOOC 视频，把传统的教学过程变成一种高密度的、一对一的聊天和互动过程。在平台上，教师可以像在课堂上一样，在视频讲授过程中提出各种问题，每个学生各自做出回答，由电脑自动批改。只有学生回答正确之后，视频才会自动向下播放。这样的技术运用既可督促学生在观看视频的过程中精力高度集中，又可以让学生全程参与到教学过程中，获得最佳的学习效果。这种一对一互动过程，在传统的教学模式下是不可能实现的。

第五，后期教学组织实施成本相对较低使资本投资收益率较高。❶ 在传统的课堂上，任课教师只能以单一的教学计划和推进策略面对全班不同的学生个体，教师所讲的每个概念、每种方法，个别学生即便没听到或者没听懂，也无法让教师再讲一遍。观看 MOOC 视频就不一样，学生可以在任何一个地方让教师停下来，也可以让教师再讲一遍或讲很多遍，一直到学生完全理解、明白，再继续进行。这样一种改变，对教学效果和学生成绩是有积极影响的。

尽管 MOOC 有诸多优势，但是也要看到 MOOC 在教学实践和技术实施方面存在很多问题。

第一，MOOC 以源自传统课堂教学的结构化知识传授为主，继承了传统课程教学的优点和不足，因此并不适合分布式认知和

---

❶ ROLF HOFFMANN. MOOCs–Best Practices and Worst Challenges [EB/OL]. [2020–07–05] http://www.aca –secretariat.he/index.php?id =674, ACA Seminar Brussels.

高阶思维能力培养。

第二，基于行为主义理论的MOOC必然导致教学模式与教学设计单一化，缺少分层的教学目标分析也不能满足多种学员对象的需求，难以适应高等教育众多学科和不同类别课程的具体要求。

第三，MOOC缺乏数字化教学资源库及与其他教学、管理平台数据的交换共享，更与联合国教科文组织对于开放教育资源标准的要求相差甚远。

第四，MOOC课程学生完成率低，据统计只有仅10%的学生能够完成课程学习。

MOOC的兴起和发展可理解为在线教育发展过程的一个新的切入点和契机，引起了国内外，尤其是国内教育部门、高校教师和社会公众对在线教育的普遍重视。当前，许多MOOC仍沿用传统的教学法，教学质量也不高。辩证认识和发展MOOC，从单一课程层面扩展到系统的教育层面，从单一的网络教学扩展到混合教学，可引入SPOC教学模式。

SPOC（small private online course）即小规模限制性在线课程，是哈佛大学继MOOC之后提出的一个新概念。2013年1月，哈佛大学法学院教授威廉姆·W.菲舍在Harvard X上开设了名为"著作权"的SPOC课程，是哈佛大学对SPOC的首次尝试，随后这种新型教学手段逐渐走进世界各地的大学课堂。

SPOC又被称为"私播课"，是指使用MOOC的技术平台和教学手段进行授课的校内课程，通过限制人数和提高准入条件来

第五章　国际事务与国际关系学在线教育实践：SPOC 教学模式的综合运用

提升教学服务和学习质量。Small 和 Private 是相对于 MOOC 中的 Massive 和 Open 而言，Small 是指学生规模一般在几十人到几百人，Private 是指对学生设置限制性准入条件，达到要求的申请者才能被纳入 SPOC 课程。❶SPOC 实现的是小众教育，一般只限本校甚至本系学生参加，教师组织线下教学活动，从而实现线上线下混合式教学，发挥各自的优势。

在典型的 SPOC 教学过程中，教师在线设置授课视频、学习资料、课后作业、在线测试等教学资源，课前由学生自主在线学习，然后在课堂上进行面对面的讨论、答疑、实验等，课后进行反思、评价等。SPOC 在一定程度上解决了 MOOC 天然存在缺失教学法的短板，非常适合高校教育对象。SPOC 至少在以下三个方面具有 MOOC 无法比拟的优势。

第一，SPOC 使在线学习跳出了复制课堂课程的阶段，适应了大学特别是精英型大学排他性和追求高成就的价值观。

第二，SPOC 创新了课堂教学模式，重新定义了教师的作用，让教师更多地回归校园，回归小型在线课堂，大大激发了教师的教学热情和课堂活力。

第三，SPOC 更加强调学生完整、深入的学习体验，有利于提高课程的完成率。

可以看到，SPOC 教学模式充分利用了 MOOC 的重要特征，包括获得高质量的课程材料并且通过自动评分迅速反馈给学生，

---

❶ 曾明星，李桂平，周清平，等. 从 MOOC 到 SPOC：一种深度学习模式建构 [J]. 中国电化教育，2015（11）：28.

最大限度地使稀缺资源发挥效力。

第二节 与 SPOC 平行的其他教学模式

一、翻转课堂

翻转课堂（flipped classroom）是指调整课堂内外的时间比例，将学习的决定权从教师转移给学生的教学模式。在这种模式下，学生在课堂内能够更专注于主动的基于项目的学习，教师不再占用课堂的时间来讲授信息，这些信息需要学生在课前完成自主学习（看视频讲座、听播客、阅读功能增强的电子书），从而教师能有更多的时间与每个人交流。翻转课堂教学模式的本质是"学生前置自主学习"（知识传授）+"师生课堂互动学习"（知识内化）。[1]

翻转教学法认为教育包含两个步骤：新信息的传授，学生理解并吸收这些信息的能力。在传统课堂上，第一步通常在面对面的课上时间进行，第二步则作为家庭作业分配给学生。在第二步，学生靠自己理解并消化课上遇到的新信息。翻转教学法本质上需要翻转的是课上的面对面时间：学生与新知识的第一次接触是在课外与课前发生的，而在课堂上，学生与同学及教师协作，使教师能够在学生吸收新信息并拓展自身思维和想法时给予及时

---

[1] The New Media Consortium （NMC）, EDUCAUSE Learning Initiative （ELI）, EDUCAUSE Program. Increasing Use of Blended Learning [R]. The NMC Horizon Report, Higher Education Edition, 2015：16–17.

的纠正和反馈。

翻转教学使教师能够有效地满足学生的需求，同时鼓励课上的协作学习和示范。在这种环境下，学生们更愿意参与课堂讨论，从而获得更好的学习效果。

二、微课

微课（microlecture）是指运用信息技术，按照学习认知规律，呈现碎片化学习内容、过程及扩展素材的结构化数字资源。

微课的核心内容是课堂教学视频（课例片段），同时还包含与该教学主题相关的教学设计、素材课件、教学反思、练习测试及学生反馈、教师点评等辅助性教学资源，它们以一定的组织和呈现方式共同建构出一个半结构化、主题式的资源单元应用小环境。因此，微课既有别于传统单一资源类型的教学课例、教学课件、教学设计、教学反思等教学资源，又是在其基础上继承和发展起来的一种新型教学资源。

一般来说，人的注意力只能保持10分钟左右，因此，以知识点为单元的系列微课串成章节或课程体系，便于观看和下载，能够增加学生的黏着性。

相对于较宽泛的传统课堂，微课的问题聚集，主题突出，能够突出课堂教学中某个学科知识点（如教学中重点、难点、疑点内容）的教学，或是反映课堂中某个教学环节、教学主题的教与学活动。

对教师而言，微课革新了传统的教学与教研方式，教师的电子备课、课堂教学和课后反思的资源应用将更具有针对性和实效性,基于微课资源库的校本研修、区域网络教研将大有作为,并成为教师专业成长的重要途径之一。对于学生而言,微课能更好地满足学生对不同学科知识点的个性化学习、按需选择学习,既可查缺补漏,又能强化巩固知识,是传统课堂学习的重要补充和拓展。

三、混合学习

混合学习(blended learning)是指线下面对面教学与在线学习(E-learning)有机结合的学习方式。混合学习强调把传统学习方式的优势和网络化学习的优势结合起来,也就是说,既要发挥教师引导、启发、监控教学过程的主导作用,又要充分体现学生作为学习主体的主动性、积极性与创造性。

混合学习结合课堂教学与网络学习这两种学习环境,在信息技术的支持下,使用传统教材和在线学习资源,以传统课堂教学和在线学习方式将教学内容呈现给学习者,以取得最大的学习效益。[1]

混合式学习模式的目的在于帮助学生实现知识技能内化,并且学以致用,高效地完成学习任务。同时,减少不必要的时间成本和资金成本。

可以看到,各类教学新模式都有其优势及创新之处,但在实际教学实践过程中都会遇到一些问题。因此,在教学实践中应根

---

[1] MARGARET, DRISCOLL. Web-based Training: Creating E-learning Experience [M]. San Francisco: Jossey-Bass/Pfeiffer, 2002:153.

据不同的教学环境、不同的授课对象、不同的教学设施采用不同的教学方法。

第三节 SPOC混合式教学模式运用的理论基础

一、检索性练习理论

检索性练习是一种从短期记忆中回溯信息,以增强长期记忆的学习行为。检索练习需要学习时不断回忆事实、概念、事件,并将其内化,扩大知识体系。与集中学习相比,检索练习记忆时间较长,有间隔的检索练习可以产生更强的长期记忆。而检索练习与细化知识均不是高科技手段,只要通过"反思—操作—反馈—反思"的步骤即可完成。❶

相关研究发现,频繁互动可以避免注意力分散,是确保学习者持续专注的一种有效手段。因此,为提高在线学习效率,避免观看视频"满堂灌"的局面,缓解学习者长时间集中注意力导致学习效率不高的压力,可以在视频中插入暂停选项,嵌入多种形式的互动练习和测试,以便让学习者及时检测自己的学习效果,测试不达标者需要重新学习视频内容才能继续。

学习的本质就是知识链与记忆结。不管学习什么知识,要掌握就必须将其关键概念连点成线,与相关的知识串联,形成一条

---

❶ KARL K S, NOVALL Y K, DANIEL L S. Interpolated Memory Tests Reduce Mind Wandering and Improve Learning of Online Lectures [J]. Proceedings of the National Academy of Science(PNAS), 2013, 110(16): 6313.

"绳线",而若"绳线"上没有打结,知识点就容易掉落,所以需要运用工具给知识链打个结,让知识链变得更牢固。

二、精熟学习理论

精熟学习理论,由美国当代著名教育心理学家布鲁姆提出,即在"所有学生都能学好"的思想指导下,以集体教学为基础,为学生提供所需的个别化辅导,从而使大多数学生完成课程学习任务。

精熟学习理论立足于个人,承认学生个体的不同。知识不再按照教师的认知大块地呈现,而是将知识按照知识点的形式分解,以微课的形式呈现出来。针对一个内容,学生根据自己的需求,可以选择快速观看,也可以反复观看,直到能够完全掌握这个知识点才进行下一个知识的学习。只有稳固一个知识点,在这个基础上构建其他的知识内容,这样的学习才会流畅。

教师应注重个别化纠正性教学,根据学生身心发展特点和学习需求,因材施教,培养多元型创新人才。例如,MOOC 课程嵌入式测验和在线练习的设计理念正是为学习者提供多重知识内容的练习,通过进行实时与重复的反馈练习,使学习者在虚拟课堂有机会反复熟悉相关概念,强化重要概念。

三、"双主"教学模式

"双主"教学模式就是"主导—主体"教学系统设计模式,是何克抗教授在奥苏贝尔"有意义学习理论""动机理论""先行组织者"教学策略及建构主义学习理论指导下提出的以学生为主体、教师为主导的新型教学系统设计模式。

"双主"教学模式是一种既能发挥教师主导作用，又能充分体现学生认知主体作用的教学模式。"双主"教学模式发挥教师主导作用，但不像以教师为中心的教学模式那样，教师发挥"主宰"作用，完全由教师唱主角；其能充分体现学生的认知主体作用，而不是时间上以学生为主体。在这种模式中，教师有时处于中心地位，但并非自始至终；学生有时处于接受知识状态，但更多的时候是在教师帮助下进行主动思考和探索，教学媒体有时作为辅助教学的教具，有时作为学生自主学习的认知工具。

"双主"教学模式将以教为主和以学为主的教学设计模式有机结合，避免了在教学过程中单纯使用一种教学设计模式产生的教学时单方面（教师或学生）主宰教学出现的"满堂灌"或"盲目学"的现象，使学生能够采用更合理的学习策略掌握学习内容和提高自学能力，优化了教学过程。

四、连通主义学习理论

西蒙斯在《连通主义：一种数字时代的学习理论》(*Connectivism: A Learning Theory for the Digital Age*) 一文中系统提出了连通主义学习理论，指出学习不再是一个人的活动，而是连接专门节点和信息源的过程。连通主义认为，学习是一个过程，且可被看作一个网络形成的过程。连通主义关注形成过程和创建有意义的网络。

知识基础的迅速改变导致决策的改变。新的信息持续被获得，区分重要信息与非重要信息的能力至关重要。连通主义的起点是个人，个人的知识组成了一个网络，这种网络被编入各种组织与机构，反过来各组织与机构的知识又回馈给个人网络，方便个人继续学习。

连通主义认为，知识发展的循环使学习者通过他们所建立的连接能在各自的领域保持先进性。个体所需知识的学习能力比对知识的掌握能力更重要，即由于知识不断增长，获得所需知识的途径比学习者当前掌握的知识更重要。知识发展越快，个体就越不可能占有所有的知识。

连通主义是一种经由混沌、网络、复杂性与自我组织等理论探索的整体原理。其强调，学习是一个过程，这种过程发生在模糊不清的环境中，学习（被定义为动态的知识）可存在于我们自身之外（在一种组织或数据库的范围内）。我们可将学习集中在专业知识系列的连接方面。这种连接能够使我们学到比现有的知识体系更多、更重要的东西。

第四节　SPOC 混合式教学模式下教学方式与学习路径的选择

在教学实践的路径选择上，要根据教学目标、内容结构、教学环境及学习者特征等要素调整教学过程、方法和手段。SPOC

第五章　国际事务与国际关系学在线教育实践：SPOC教学模式的综合运用

教学模式下的教学策略应针对不同层次的教学内容采用不同的教学方法，以及针对不同层次的学生提供差异化的学习过程。❶

教学方式应根据学习者特征、知识类型和难度、教学进度等进行改变。翻转课堂将传统的课堂讲授学习和课后讨论答疑翻转为课前在线讲授与学习、课中线下讨论与答疑，以提升学生的学习兴趣和学习效果。对于学习基础较好的学生，通过这种方式应该能够取得比较好的教学效果；而对于基础较弱、不经常提问和讨论的学生，这种方式可能会影响他们的学习兴趣，所以这种教学方法在实际应用中应灵活采用。课中线下教学可适当由教师进行指导与引导，讲解思路、重难点、案例等，再进行讨论和问答。而课中讨论分组不应固定，可根据讨论题目难度、学习者层次、激励程度等因素来确定，如可将相同层次的学生分成一组，也可将不同层次的学生分成一组。

SPOC混合式教学对学生的要求是课前在线学习、课中线下教学和课后拓展学习。课前在线学习相结合，允许学生根据自己的兴趣、认知和能力来确定初次教学目标，选择适合自己的学习路径。例如，基础差、认知弱的学生可以在课前在线学习时花更多的时间观看课程视频和学习材料，完成基本的练习；而基础好、学习能力强的学生则跳跃性有选择地学习，领悟深层次的内

---

❶ 徐葳，贾永政，阿曼多·福克斯，等.从MOOC到SPOC——基于加州大学伯克利分校和清华大学MOOC实践的学术对话[J].现代远程教育研究，2014（4）：13.

容,完成难度更大的练习。教师可根据实际情况,设定多种学习路径,包括学习资源、练习内容、拓展实践、综合应用等,并给定完成任务的参考时间和效果。学生通过一段时间的学习后,学习信心和效果都得到较大的提升,可能会根据自己的情况改变学习目标,选择更高层次的学习路径。❶

第五节 学习过程的详细设计方案

SPOC混合式教学以任务驱动为核心,依靠知识点建立学习任务单,每一个主要知识点可化解为若干个学习任务,包含任务目标、问题列表、学习指南、学习测试和学习反思等,把教学目标和内容隐含其中,体现课程大纲中所要求培养的知识和能力,激发学生学习的积极性。

一、课前在线学习——微课+测试+在线辅导与反馈

在SPOC混合学习模式下,课前主要以任务清单为驱动,学生依据任务清单进行自主学习。微课内容包括课堂教学前的导论和课程难点;微资源主要包括上传到云课堂的课件、参考文档、音频和视频等,学生可根据自己的需求、学习目标和计划自行安排学习进度,选择性地阅读微资源的内容。学习过程中如果遇到了问题,可在已建立好的微信群或者QQ群中交流解决,也可由

---

❶ 何克抗,李克东,王本中,等."主导—主体"教学模式的理论基础[J]. 湖南第一师范学院学报,1999(2):3.

第五章　国际事务与国际关系学在线教育实践：SPOC 教学模式的综合运用

教师在线辅导答疑。完成任务单学习任务后，学生进入相关的测试阶段。测试内容避免机械性的章节练习，尽量分解为循序渐进的小问题，以达到巩固知识点的学习目的。❶ 测试在学校现有的云课堂平台上进行，可设计成分层分级多次完成，自动评分系统反馈测试结果，以此检验学习效果，并决定学生是否需要重做该任务。该次任务完成后，可选择性进行在线反馈。在线反馈可以在云课堂端由教师发起问卷调查，也可以由学生留言直接反馈。问卷调查的内容包括对知识点的掌握程度、目前尚存的难点、感兴趣的相关知识等。这种模式下的课前在线学习为学生自主学习提供了空间和服务，调动了学生学习的主动性、积极性、交互性和自觉性。

二、课堂学习——合作 + 讨论 + 交流

课堂教学主要采取以调动学生学习动机为目的的翻转课堂模式展开，依托线上学习内容，以完成任务和项目为驱动，注重培养学生的探究意识和创新意识。翻转课堂将传统课堂翻转为课前在线学习和课中线下讨论，以提升学生的学习兴趣和学习效果。

在课堂教学之前，教师要精心设计讨论的主题与展开的形式与方法。教师虽然在表面上退居次席，但真正的设计框架、课堂的实际导演仍然是教师而不是学生。在翻转课堂上，学习主角回

---

❶ JEFFREY D K, JANELL R B. Retrieval Practice Produces More Learning than Elaborative Studying with Concept Mapping［J］. Science，2011（334）：453.

归学生，学生通过自身和交互的学习活动，体验到学习的快乐。教师根据任务单和课前在线学习的效果及反馈，适当安排课中讨论任务和项目。

前期学生讨论分组时，一般把积极主动的骨干学生平均分到每个小组中起到关键的带头与引领作用。当然，分组也可根据讨论题目难度、学习者层次、激励程度等因素来确定。每个小组的学生人数一般不要多于7个，因为小组中的人数多时会容易出现冗余角色；但小组的人数也不可少于4个，因为人数太少不可能有积极的互动。

在课堂讨论最后的点评阶段，教师依据学生的参与度、理解程度、回答的准确性、流利性分别给个人和小组评分。课堂上学生讨论和辩论是理解、内化、实践所学知识和技能的过程，同时通过分析与合作解决问题，交流不同观点，学会表达和倾听。学习小组共同完成某一任务或项目，学生相互交流讨论合作，增强了学生完成任务的信心，激发了学生的信息探究行为，促进了协作式学习的顺利进行。

三、课后拓展学习——研学 + 实践 + 交流

课堂上学到的理论知识必须和实践紧密相连，通过实践项目，使学生进行更加完整和深入的学习体验。

教师根据学生应掌握的专业能力，设置相应的教学实践课，提出研究方法，设置成果要求；学生根据自己的实际情况，对相

关知识和方法进行拓展学习，以学习小组为单位，通过线上研究讨论、线下协作实践等方式来完成；教师根据学生问题反馈进行在线辅导；学生将完成后的项目成果以图形、文字、动画、视频等多种形式在学习平台上展示，通过师生、生生互评，使学生处于一种分析自我、评判他人、创造应用的氛围中，带动知识的迁移与运用，加强集体的协作。❶

通过进阶学习、项目实践和交流互评进行课后拓展学习，不仅能巩固理论知识，还能提升学生的实践能力、创新能力和协作能力。

第六节 教学效果的量化测试

实行SPOC混合教学模式进行课堂教学一学期后，可对上课的学生进行问卷调查，以便于检验这种教学模式的实施效果。调查问卷的内容采用李克特量表的形式，设计"非常满意""满意""一般""不满意""非常不满意"五种回答，分别赋值5、4、3、2、1，然后对每个被调查者回答所得分数进行加权。❷调查问卷指标设计如表5-1所示。

---

❶ SHARON SEE, JOHN M CONRY. Flip My Class! A faculty Development Demonstration of a Flipped Classroom [J].Currents in Pharmacy Teaching & Learning, 2014, 6 (4): 585-588.

❷ HARIS A, OMER L, NICHOLAS M, etc. Strategy Proof Peer Selection: Mechanisms, Analyses, and Experiments[C]. Thirtieth AAAI Conference on Artificial Intelligence, 2016: 106.

表 5-1　调查问卷的所有指标列表

一级指标	二级指标
主动参与度	课堂学习的积极性
	主动学习的意愿度
	参与互动交流的主动度
技能适应度	学习技能的掌握度
	教学方法的接受度
	获取学习资源的能力
学习效果	目标知识掌握度
	学生自我满意度
	自学的完成度
	互动交流的参与度
	作业测验完成度

此次调查共发放问卷 43 份，收回 41 份，有效样本数为 41 份。5 项问卷值的分布情况如表 5-2 所示。

表 5-2　评价指标的权重值分配

维度	总权重	评价指标	权重
主动参与度	0.21	课堂学习的积极性	0.09
		主动学习的意愿度	0.05
		参与互动交流的主动度	0.07

第五章 国际事务与国际关系学在线教育实践：SPOC 教学模式的综合运用

续表

维度	总权重	评价指标	权重
技能适应度	0.30	学习技能的掌握度	0.18
		教学方法的接受度	0.09
		获取学习资源的能力	0.03
学习效果	0.49	目标知识掌握度	0.05
		学生自我满意度	0.06
		自学的完成度	0.16
		互动交流的参与度	0.15
		作业测验完成度	0.07

从调查问卷的分值分布情况可以看出，学生对 SPOC 教学模式的满意度还是比较高的（表 5-3）。

表 5-3 学生自我满意度问卷调查结果

指标	非常满意	满意	一般	不满意	非常不满意
学生自我满意度	40.0%	50.2%	5.8%	4.0%	0

下面用 2017 年、2018 年、2019 年连续三年的统计数据进行方差分析，2017 年与 2018 年没有实行课堂教学改革，2019 年实施了课堂教学改革，用 2019 年的数据与 2017 年和 2018 年进行方差分析可以看出，2019 年数据明显地不同于前两年，由此可以证明新的课堂教学模式优于传统的课堂教学模式。

从表 5-4 的方差分析结果可以看出，2017 年和 2018 学年学生平均分接近（75.30、76.22），p 值远大于 0.05（0.41913），故这两级学生成绩并无显著改变。而 2019 年学生按 SPOC 混合教学模式实施课堂教学,其平均成绩高于其他两级学生的平均成绩(75.30、80.34,76.22、80.34),方差分析 2 和方差分析 3 的 p 值也都小于 0.05(0.00285、0.00947),故经过教学改革的 2019 年学生的成绩有显著提高。

表 5-4　样本方差分析

指标	方差分析 1		方差分析 2		方差分析 3	
	2017 年	2018 年	2017 年	2019 年	2018 年	2019 年
平均值	75.30	76.22	75.30	80.34	76.22	80.34
标准差	9.24532	13.12213	9.21662	8.78312	13.20631	8.84615
t 值	0.19173		-2.63841		-2.38817	
p 值	0.41913		0.00285		0.00947	

在高等教育领域发展在线教育是大势所趋,这已经是世界范围内的共识,但如何运用于课堂教学并取得真正的效果,还有很长的一段路要走。多模式互补的形式,特别是 SPOC 的综合运用教学模式应该是在线高等教育发展的一个重要探索方向。

第六章

国际事务与国际关系学教学实证探索与框架设计:软权力与综合国力的分析示范

实证分析（empirical analysis）是指排除了主观价值判断，只对相关的社会活动或经济活动及其发展趋势进行客观分析，并根据这些规律分析和预测人们经济行为效果的一种社会科学研究方法。

实证分析通过观察获取经验，再将经验归纳为理论。与之对应的另一种研究方法是规范研究（normative research）。规范研究从某些假设出发，通过逻辑演绎得到理论。两者的主要区别是：规范研究采用的是演绎法，侧重逻辑推理，一般用来提出纯理论；实证分析采用归纳法，侧重经验，贴近现实，用来验证已有理论或由观察总结新理论。

科学就是建立假说并利用经验事实对其加以检验的过程。在此过程中，理论的逻辑演绎很重要，但最终仍然是"证据为王"。因此，实证分析是科学研究必不可少的组成部分。在某种意义上，科学研究就是实证研究。实证分析方法是社会科学研究中的一个非常重要的方法。

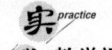

但由于各种各样的原因,作为社会科学重要基础的实证分析方法却没能在国际政治、国际事务与国际关系学中得到应用。

本章以国际话语权和综合国力的相关性的实证分析为案例,尝试进行国际事务与国际关系学教学中实证分析探索与框架设计,希望能够抛砖引玉,使实证分析这一科学方法能够广泛地运用于国际关系与外交学、国际事务与国际关系学的实践中。

第一节 案例设计的基础:相关变量的定义与选择

实证分析的起点是设计与确定变量,在这个案例中最关键的变量是国际话语权,而如何确定这一变量的赋值又是案例设计能否成功的关键,因此,最开始的工作就是搞清楚国际话语权的内涵。

一、变量一:国际话语权

"国际话语权"的概念来自"话语权"。"话语"(discourse)是人类社会重要的沟通中介,人们通过话语进行信息发送、传递、理解和回应,实现彼此之间的交流和交往。"话语"最初是作为语言学概念出现的。现代语言学之父费尔迪南·索绪尔对"语言"和"言语"作出了重要区分。索绪尔认为,不同语言和语言共同体会使用不同的词汇或者符号来表达相同指称对象的意义,指称对象不具有对象自身的现象性特征,而是赋予它们概念的符号系统,并由此提出了结构主义语言研究范式。语言是有着自身内在结构的符号系统，语言符号的意义只能在其所处的系统总体中较之其他符号的差异获得，索绪尔由此解构了将语言视为指称对象与其直接表象之间关系的反映论映像模式❶，这对福柯、布迪厄等后现代学者产生了重要影响。

福柯认为，我们不能"把话语看作（涉及内容或表征的表意因素）几组符号，而应当作系统地形成话语谈论对象的多种实践。当然，话语是由符号构成的，但话语所作的事要比运用符号来指称事物多得多。这多出来的东西是无法还原为语言和言语的。我们必须揭示和描述的正是这多出来的东西"❷。"对话语的考察必须将文本及其相关的非话语性物质情境放在一起分析"这一观点说明，福柯将研究的重点从语言结构转到了语言实践与它们所处的更广泛社会历史性和非语言性可能条件之间相互依赖的关系上。

福柯进一步提出，话语不停地建构、解构、重构，话语就在历史中不停地建构起各种各样四处渗透的权力，而权力又反过来建构起新的为权力服务的话语，权力话语也建构起了人类的生命状态，通过建构状态话语，掌控人的肉体与灵魂，达到身体规范、灵魂驯顺的目的。

从严格意义上讲，话语就是一种经过较长时间历史积淀而形

---

❶ DIRK NABERS. A Poststructuralist Discourse Theory of Global Politics[M]. Hampshire: Palgrave Macmillan, 2015: 85.

❷ MICHEL FOUCAULT. The Archaeology of Knowledge and the Discourse on Language[M]. New York: Pantheon, 1972: 54.

成的社会文化语码,以语词言说的形式潜在地制约着人们的思想和行为。话语一旦形成,便拥有了自己的意义世界,形成了自己的特定规则,构建了自己的知识形式和话语系统。

福柯提出的这种话语权的概念对后现代语境中的话语分析产生了重要影响,同时其理论也强调了政治能动性在话语生产中的重大意义。

德国建构主义学者托马·瑞斯将国际政治实践看作以语言为媒介、由交往理性驱动、以达成共识为目的的交往行动,并将哈贝马斯的交往行为理论和磋商伦理思想引入国际关系的研究实践,认为与工具理性驱动、通过语言讨价还价、追求个体利益最大化的战略行为不同,交往行为是一种论争过程,行为体的利益和偏好不再是固定的,他们具有交往理性,以寻求理性共识为目标。国际政治活动的结果不是由强权单向操纵的,也不是单纯的利益计算和交换的产物,而是通过话语论争达成的主体间意义共识,是真实、正当、真诚的"更好的论证",其取代物质性权力或利益成为影响政治结果的决定性力量。因此,行为体在外交领域或国际制度中的交流互动不是为了实现自己的固有利益,而是对经验或规范的合法性宣称提出质疑,并进行说理、论争,最终接受"更好的论证",修正自己的观念和利益定义,从而达成共识和合作性行动。❶

在国际话语权的分类研究上,荷兰的托伊恩·范·迪克将

---

❶ 袁正清. 交往行为理论与国际政治研究——以德国国际关系研究视角为中心的一项考察[J]. 世界经济与政治, 2006(9): 15.

第六章　国际事务与国际关系学教学实证探索与框架设计：软权力与综合国力的分析示范

话语分为指令性话语（规则、法律等）、制度话语（说服形式的话语）、叙事性话语（民间社会的文化话语）和规定性的话语（学术话语）四种，这种分类被视为具有话语权力结构的研究雏形。诺曼·费尔克劳将建构全球化程序的话语进一步划分为五个范畴：政府机构（国际、国内组织）、非政府组织、国际媒体、学术分析和民间社会。❶ 国内学者张焕萍在此基础上提出国际话语权分为国际制度话语权、媒介话语权、学术话语权、文化话语权和民间话语权五个范畴❷，国际制度包括正式的政府间组织或跨国非政府组织、国际机制、协约或惯例三个方面；❸ 媒介话语权构筑了特定的意识形态和价值观念，制约着特定群体的情感和对世界的认知，在传播话语、建构异国形象中发挥了巨大的作用；学术话语权包括指引导向权、鉴定评判权和行动支配权；❹ 文化话语权是国家话语权在文化领域的体现，本质上是一个国家的文化主导权；民间话语权可分为国际性民间组织话语权和国内民间组织话语权等。

学者梁凯音把国际话语权定义为以国家利益为核心、就国家事务和相关国际事务与国际关系发表意见的权利。它体现了知情权、表达权和参与权的综合运用。国际话语权包括五个部分：话

---

❶ NORMAN FAIRCLOUGH. Language and Power[M]. London: Longman, 1989: 17.
❷ 张焕萍.论国际话语权的架构[J].对外传播, 2015（5）: 50.
❸ ROBERT O KEOHANE. International Institutions and State Power: Essays in International Relations Theory[M]. Boulder: West View Press, 1989: 3.
❹ 郑杭生.学术话语权与中国社会学发展[J].中国社会科学, 2011（2）: 23.

语施行者、话语内容、话语对象、话语平台和话语反馈。❶

第一，话语施行者（或传播者）可以是主权国家的官方机构，也可以是非官方组织或群体，其所用符号可以是语言的，也可以是非语言的。

第二，话语内容是反映一个主权国家所关注的与自身利益相关或所承担的国际责任义务相关的观点和立场，包括政治、军事、经济、文化及社会生活等方面。

第三，话语对象可以是外国政府和国际官方组织（如联合国及其所属机构），也可以是国际非官方组织（如国际非政府组织）、外国民间组织（如所在国的非政府组织）和民意力量（如议员或议会）等。

第四，话语平台主要是指：公众媒介，包括传播媒体、互联网和出版物，如电视、报纸、杂志、书籍和网络等；国际会议，包括政府间的国际组织和非政府组织的活动；主权国家的对外交流、合作和援助计划，包括政府和民间项目；国际的正式和非正式官方互访活动；民意机构主要是相关国家的议会；民间特别活动，可以是因某一个特定的国家主体利益问题与国际环境相关所引发的公众集会或游行活动。

第五，话语反馈是指话语表达的立场、主张和观点等获得的某种结果。

以上对话语、话语权乃至国际话语权上的理论探索是我们设计变量最重要的依据，只有在利用好这些优秀学者的研究基础

---

❶ 梁凯音.论中国拓展国际话语权的新思路[J].国际论坛，2009（3）：43.

第六章 国际事务与国际关系学教学实证探索与框架设计：软权力与综合国力的分析示范

上，我们才能设计出合理的研究模型。

基于以上理论基础，我们主要根据国际多边组织的参与程度对国际话语权进行量化。国际组织是指两个以上国家或其政府、人民、民间团体基于特定目的，以一定协议形式建立的各种机构。国际组织的迅速发展是第二次世界大战以来国际社会的重要特征之一，是现代国际生活的重要组成部分。国际组织分为政府间组织和非政府间组织，也可分为区域性国际组织和全球性国际组织。政府间的国际组织有联合国、欧洲联盟、非洲联盟、东南亚国家联盟（东盟）等；非政府间的国际组织有国际足球联合会、乐施会、国际奥林匹克委员会、国际红十字会等。各种国际组织在当今世界发挥着重要的作用。由于国际组织数量的庞大和很多非政府国际组织的非政治性，本章并不是将每个国家参加的所有国际组织都纳入研究范围，而是选取一些有代表性的、在国际社会中起到一定作用的、主要是政府间的国际组织作为考察对象。

在现存国际组织中，影响力最大的政府间国际组织是联合国。联合国自1945年成立以来，在促进各国和平共处和世界发展、社会进步等方面做出了很大的贡献。鉴于联合国的特殊决策机制和大国否决权的存在，联合国安理会常任理事国是衡量一个国家国际话语权的重要因素。

在世界经济话语权评估方面，对世界经济稳定和发展起重大作用的国际组织包括世界贸易组织、国际货币基金组织、世界银行。由于世界贸易组织的功能定位于多边贸易的谈判和争端解决,且争端的解决主要依赖专家小组的审核和报告,所以在此组织中并没有投票权的问题,只需要考察是否是世贸组织的成员国问题。因此,我们在进行世界经济话语权评估时,重点考察的是国际货币基金组织、世界银行的投票权权重。

二、变量二:软权力

约瑟夫·奈在 1990 年出版了名为《美国注定领导世界?——美国权力性质的变迁》一书,从国家权力资源和权力构成的变化分析美国在当今世界中的"领导地位",并首次提出"软权力"的概念。❶ 约瑟夫·奈认为随着时代的发展,权力的定义不再强调以往十分突出的军事方面,权力中的可代替性在削弱,强制力在减少,有形性在降低,其更倾向于无形的资源如文化、政治价值观、对外政策、国际机制等。约瑟夫·奈指出:"命令性权力依赖于诱惑('胡萝卜')或威胁('大棒')。但是,也有一种间接使用权力的方式……同化性权力依赖于思想的魅力或是以他人所表达的偏好来设置政治议程的能力……塑造偏好的能力倾向于与无形资源如文化、意识形态和机制联系在一起。这个维度的权力就是软权力,这和与有形资源相联系的硬权力如军事权力和经济权力形成对比。"❷

2006 年,约瑟夫·奈在《"软权力"再思索》一文中指出,

---

❶ 约瑟夫·奈.美国注定领导世界?——美国权力性质的变迁[M].刘华,译.北京:中国人民大学出版社,2012:1.

❷ 同❶72.

第六章　国际事务与国际关系学科实证探索与框架设计：软权力与综合国力的分析示范

"仅仅依靠硬权力或软权力都是错误的，把二者有效地统一起来的能力才可以称为'全能权力'"❶。这里"全能权力"是指"巧实力"。2007年，由约瑟夫·奈和美国前副国务卿理查德·阿米蒂奇领导的"巧实力委员会"通过分析美国实力、形象、影响力等下滑的原因，认为美国应该重新反思如何扭转这一趋势，并推出了巧实力报告。这一报告试图延伸到新一届美国政府对外战略中，帮助美国摆脱困境，以重振美国在全球的领导地位。约瑟夫·奈提出了软权力的四个来源：文化吸引力、政治价值观、外交政策及国家对国际制度的掌控。

国内学者对软权力（又称"软实力"）的评估也有不少成果。杨新洪对文化软实力的量化评价作了较为详细的阐述，指出构建文化软实力的指标体系包括价值指标、实物指标和相对指标三个部分，其文化软实力总体评价指标模型可归结为"一增一率一数"：

文化产业增加值增长速度＝（直接核算的文化产业增加值＋间接核算的文化产业增加值）报告期÷基期；

文化软实力对 GDP 的贡献率（%）＝（直接核算的文化产业增加值＋间接核算的文化产业增加值）÷GDP 总量；

文化软实力综合指数＝（X 个价值指标平均指数＋N 个实物指标平均指数）÷2。❷

熊正德与郭荣凤基于主成分分析法综合评估我国 2000—2009 年国家文化软实力及 2009 年 31 个省域的文化软实力，分析探讨我

---

❶ 约瑟夫·奈,蔡玮.软权力再思索[J].国外社会科学,2006（4）：91.
❷ 杨新洪.关于文化软实力量化指标评价问题研究[J].统计研究,2008（9）：46.

国文化软实力总体发展趋势及各省域文化软实力发展水平对国家文化软实力的作用,提出国家文化软实力四力模型(图6-1)。❶孙亮从发展模式、核心价值观、国家形象、文化生态、外交软实力和传播软实力等方面提出了文化软实力的构成要素。❷

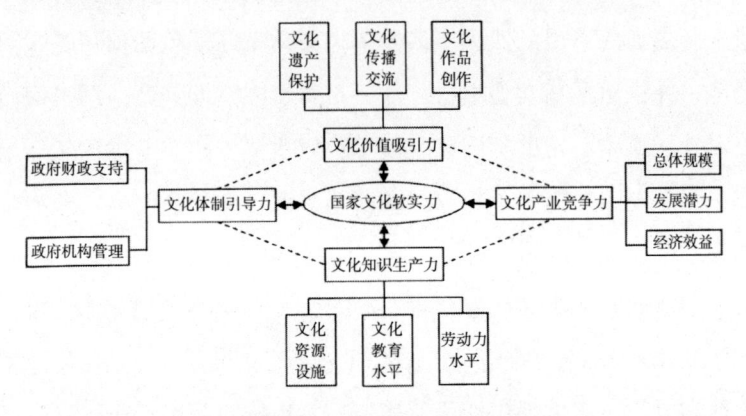

图6-1 文化软实力四力模型

林丹、洪晓楠从文化凝聚力、文化吸引力、文化创新力、文化整合力、文化辐射力5个方面设计了18条测评指标,57项具体测评内容,另外还设置了儒家文化、文化技术、举办大型国际文化活动3个特色指标,构建了中国文化软实力综合评价体系(图6-2),将评价指标体系的研究从准则层面推进到了指标层面。❸

---

❶ 熊正德,郭荣.国家文化软实力评价及提升路径研究[J].中国工业经济,2011(9):16-26.

❷ 孙亮."文化软实力"指标体系的建构原则与构成要素[J].理论月刊,2009(5):145-147.

❸ 林丹,洪晓楠.中国文化软实力综合评价体系研究[J].大连理工大学学报(社会科学版),2010,31(4):65-69.

第六章　国际事务与国际关系学教学实证探索与框架设计：软权力与综合国力的分析示范

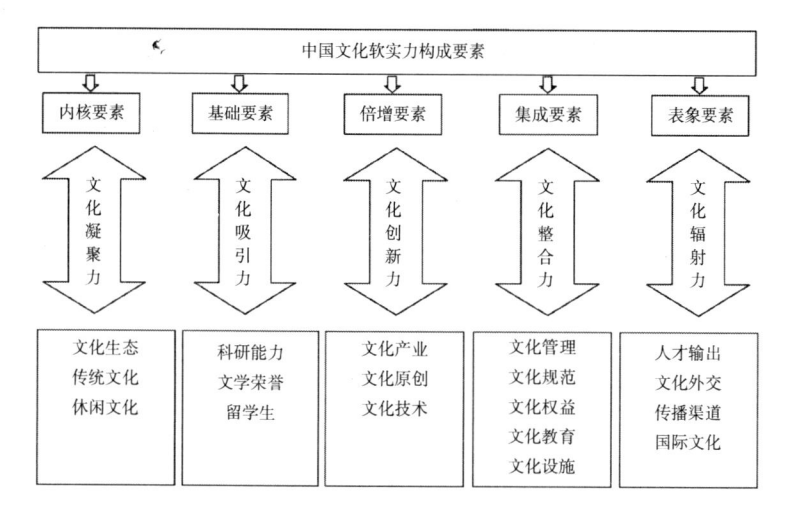

```
                    中国文化软实力构成要素
        ↓          ↓          ↓          ↓          ↓
     内核要素     基础要素     倍增要素     集成要素     表象要素
      ⇕          ⇕          ⇕          ⇕          ⇕
      文          文          文          文          文
      化          化          化          化          化
      凝          吸          创          整          辐
      聚          引          新          合          射
      力          力          力          力          力
    ┌──────┐  ┌──────┐  ┌──────┐  ┌──────┐  ┌──────┐
    │文化生态│  │科研能力│  │文化产业│  │文化管理│  │人才输出│
    │传统文化│  │文学荣誉│  │文化原创│  │文化规范│  │文化外交│
    │休闲文化│  │留学生 │  │文化技术│  │文化权益│  │传播渠道│
    │      │  │      │  │      │  │文化教育│  │国际文化│
    │      │  │      │  │      │  │文化设施│  │      │
    └──────┘  └──────┘  └──────┘  └──────┘  └──────┘
```

图 6-2　中国文化软实力综合评价体系

具体到城市的软权力研究，比较有代表性的成果有：罗能生等从文化生产力、文化影响力、文化创新力、文化核心力、文化保障力、文化传播力 6 个方面构建了 31 个具体指标，对我国 31 个省市区的区域文化软实力进行了系统评价；[1] 周国富等选取文化传统、文化活动、文化素质、文化吸引、文化体制及政策 5 个方面的 25 个指标，构建了一个分层次的、可操作的中国各省市区区域文化软实力评价指标体系，并对各省市区的文化软实力进行了综合评价；[2] 陈依元等提出了设计文化软实力指标体系的 5 项原则，从文化投入、文化设施、文化产业、文化信息等 10 个方面 24 个三级指标设计了宁波文化现代化指标体系，并进行了实证评价。[3]

---

[1] 罗能生,郭更臣,谢里. 我国区域文化软实力评价研究[J]. 经济地理，2010，30（9）：1502-1506.

[2] 周国富,吴丹丹. 各省区文化软实力的比较研究[J]. 统计研究，2010，27（2）：7-14.

[3] 陈依元,王益澄. 宁波文化现代化指标体系的制定及评价[J]. 宁波大学学报（人文科学版），2001（4）：12-17.

以上学者关于软权力的模型建构，是我们设计软权力评价模型的重要参考。

三、变量三：综合国力

综合国力是衡量一个国家基本国情最重要的一个指标，也是衡量一国政治、经济、军事、科技、文化、人力资源等实力的综合性指标。在当代国际关系实践活动中，综合国力已成为国家生存、发展及国际互动的重要基础，是认识本国在国际社会中的地位和作用并在国际交往中维护自己国家利益的重要依据，其测度使人们对国力的认识更为具体。

国外学者对综合国力构成要素进行了多方面的研究。汉斯·摩根索认为，构成综合国力的要素包括地理条件、自然资源、人口、工业能力、军事准备、外交质量、政府质量、民族性格及国民士气9个方面；❶阿什利·泰利斯将国家实力定义为一国在给定时间具有的掌握经济创新周期的能力、有效的军事能力、保持稳定政治环境的能力。❷也就是说，综合国力可以定义为一个国家通过有目的的行动追求其战略目标的综合能力。总的来看，综合国力被认为是国家战略资源的组合，被动员和利用来实现一个国家的战略目标。

20世纪80年代，日本综合研究所提出了测定综合国力的标准，并在《日本的综合国力》中进行了运用和阐释。测定各国的

---

❶ 汉斯·摩根索.国家间的政治[M].杨歧明，等译.北京：商务印书馆，1993：151.

❷ ASHLEY TELLIS. Measuring National Power in the Post Industrial Age[EB/OL].[2020-09-08]. http： //www. rand. org /pubs /monograph_reportsM/R1110/.

第六章　国际事务与国际关系学教学实证探索与框架设计：软权力与综合国力的分析示范

综合国力应当包括三大要素，即国际贡献力、生存力和强制力。这三大要素又包含多项子要素。国际贡献力是指促进国际组织的建立、发展并为国际社会的进步作出贡献的能力，子要素包括经济实力、金融实力、科技实力、财政实力、对外活动的积极性、在国际社会中的活动能力；生存力是指一个国家应对国内外危机的能力，子要素包括地理、人口、资源、经济实力、防卫实力、国民意志、友好同盟关系；强制力是指一个国家按照本国的意愿强迫他国改变行动的能力，子要素包括军事实力、战略物资和技术、经济实力、外交能力。

迈克尔·波特在1990年出版的《国家竞争优势》(The Competitive Advantage of Nations) 一书中提出了国家战略资源由六大要素组成：生产要素，需求条件，相关和支持产业，公司战略、结构与竞争状态，机遇，政府。[1]其中，生产要素，需求条件，相关和支持产业，公司战略、结构与竞争状态前四者是基本影响因素，由此构成著名的"国家钻石"（national diamond）模型（图6-3）。

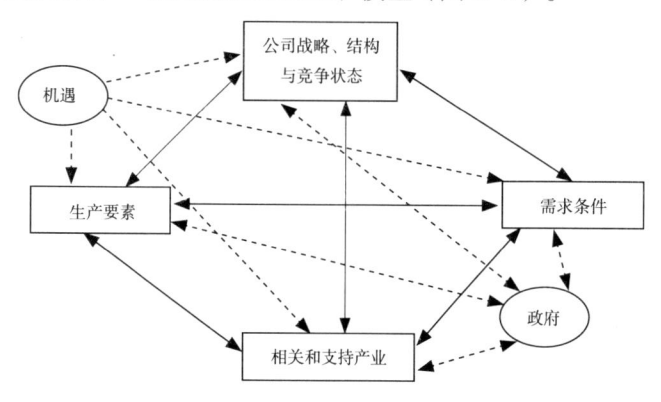

图6-3　波特的"国家钻石"模型

---

[1] MICHAEL E PORTER. The Competitive Advantage of Nations[M]. London: The Macmillan Press Ltd., 1990: 20.

1995 年，中国社会科学院世界经济与政治研究所"世界主要国家综合国力比较研究"课题组在综合国力测量指标的选定上使用了资源、经济活动能力、对外经济活动能力、科技能力、社会发展程度、军事能力、政府调控能力、外交能力 8 个构成要素，建构了综合国力指标架构（图6-4）。❶

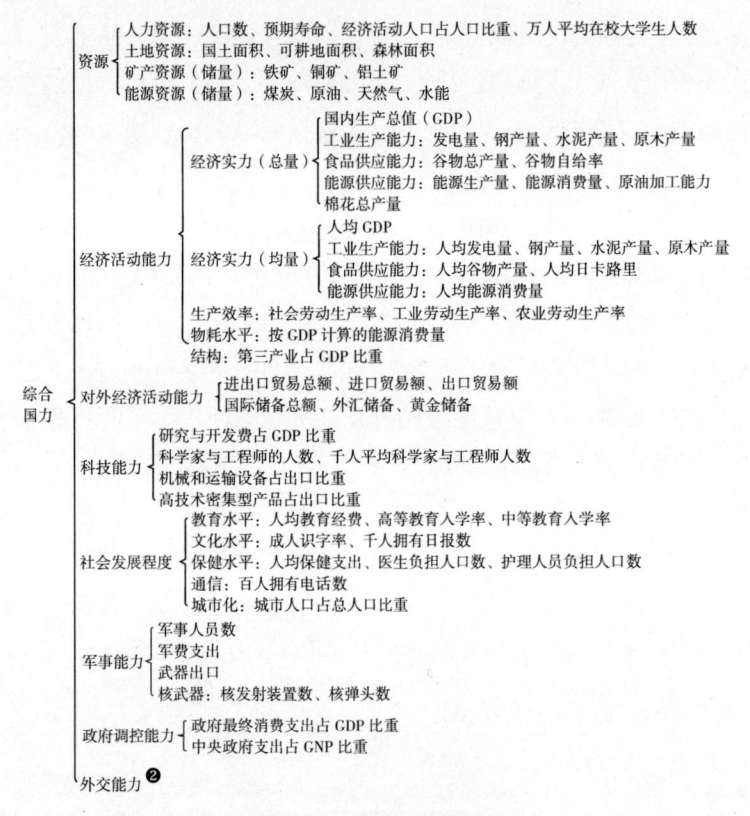

综合国力
- 资源
  - 人力资源：人口数、预期寿命、经济活动人口占人口比重、万人平均在校大学生人数
  - 土地资源：国土面积、可耕地面积、森林面积
  - 矿产资源（储量）：铁矿、铜矿、铝土矿
  - 能源资源（储量）：煤炭、原油、天然气、水能
- 经济活动能力
  - 经济实力（总量）
    - 国内生产总值（GDP）
    - 工业生产能力：发电量、钢产量、水泥产量、原木产量
    - 食品供应能力：谷物总产量、谷物自给率
    - 能源供应能力：能源生产量、能源消费量、原油加工能力
    - 棉花总产量
  - 经济实力（均量）
    - 人均 GDP
    - 工业生产能力：人均发电量、钢产量、水泥产量、原木产量
    - 食品供应能力：人均谷物产量、人均日卡路里
    - 能源供应能力：人均能源消费量
  - 生产效率：社会劳动生产率、工业劳动生产率、农业劳动生产率
  - 物耗水平：按 GDP 计算的能源消费量
  - 结构：第三产业占 GDP 比重
- 对外经济活动能力
  - 进出口贸易总额、进口贸易额、出口贸易额
  - 国际储备总额、外汇储备、黄金储备
- 科技能力
  - 研究与开发费占 GDP 比重
  - 科学家与工程师的人数、千人平均科学家与工程师人数
  - 机械和运输设备占出口比重
  - 高技术密集型产品占出口比重
- 社会发展程度
  - 教育水平：人均教育经费、高等教育入学率、中等教育入学率
  - 文化水平：成人识字率、千人拥有日报数
  - 保健水平：人均保健支出、医生负担人口数、护理人员负担人口数
  - 通信：百人拥有电话数
  - 城市化：城市人口占总人口比重
- 军事能力
  - 军事人员数
  - 军费支出
  - 武器出口
  - 核武器：核发射装置数、核弹头数
- 政府调控能力
  - 政府最终消费支出占 GDP 比重
  - 中央政府支出占 GNP 比重
- 外交能力❷

图6-4　综合国力指标架构

---

❶ 中国社会科学院世界经济与政治研究所"世界主要国家综合国力比较研究"课题组. 对中国综合国力的测度和一般分析[J]. 中国社会科学，1995（5）：156.

❷ 作者注：使用 10 个因素在神经网络模型上进行模糊评估。

第六章 国际事务与国际关系学的实证探索与框架设计：软权力与综合国力的分析示范

在测算方法上，中国社会科学院世界经济与政治研究所"世界主要国家综合国力比较研究"课题组选用了克莱因使用的综合评分计算法和日本综合研究所使用的综合指数计算法相结合的方法，最后得出了1990年17国综合国力排序（图6-5）。❶

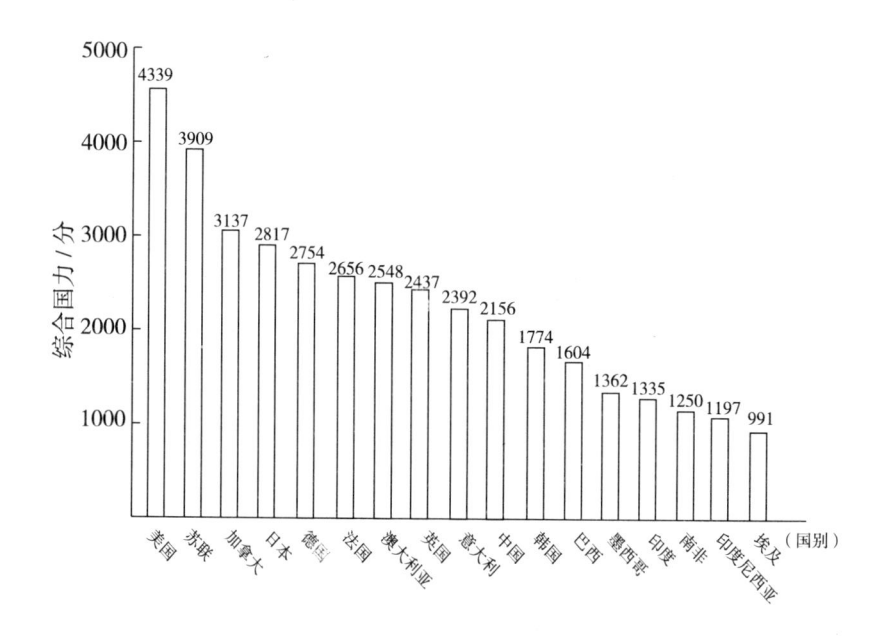

图6-5　1990年世界主要国家综合国力比较

本章对综合国力进行建模时以国家统计局"世界主要国家综合国力评价研究"课题组的数据作为主要的参照。

---

❶ 中国社会科学院世界经济与政治研究所"世界主要国家综合国力比较研究"课题组. 对中国综合国力的测度和一般分析[J]. 中国社会科学，1995（5）：156.

第二节 分析模型的建立

分析模型的建立分三大步骤来完成：综合国力与软权力的模型、国际话语权与软权力的模型、综合国力与国际话语权的模型。

第一步：前提假定。

（1）样本中的国家的观察值相对于其他任何国家都是独立的，国家之间的关系并不会影响样本中的国家的观察值。

（2）样本中的变量数据符合多元正态分布。

（3）同方差性。线性回归的最小二乘法（ordinary least squares，OLS）的残值服从均值为0，方差为σ^2的正态分布，即其干扰项必须服从随机分布。

（4）无自相关性：

$$\text{cov}(u_t, u_s) = E(u_t u_s) =/= 0 \ (t, s=1, 2, \cdots k)$$

第二步：基本假设。

原假设：

H1：$\beta_1, \beta_2, \cdots =\beta_k=0$

对立假设：

H1：$\beta_1, \beta_2, \cdots =\beta_k$ 至少有一个不等于 0

第三步：构建完整理论模型。

设因变量为 Y，影响因变量的 k 个自变量分别为 $X_1, X_2, \cdots, X_k$

假设每一个自变量对因变量 Y 的影响都是线性的,也就是说,在其他自变量不变的情况下 Y 的均值随着自变量的变化均匀变化,这时我们把

$$Y = \beta_0 + \beta_1 X_1 + \beta_2 X_2 + \cdots + \beta_k X_k + \varepsilon$$

称为总体回归模型,把 β_0,β_1,β_2,…,β_k 称为回归参数。

因变量 Y 的取值为 20 个国家的综合国力分数。

自变量 X_1 为国际政治话语权;X_2 为国际经济话语权。

回归分析的基本任务是:

任务 1:利用样本数据对模型参数作出估计。

任务 2:对模型参数进行假设检验。

任务 3:应用回归模型对因变量(被解释变量)作出预测。

第四步:分析数据的选取与说明。

国家综合国力的数据使用国家统计局"世界主要国家综合国力评价研究"课题组《世界主要国家综合国力评价研究》一文对 2012 年 20 个国家综合国力的评价数据(表 6-1)。

表 6-1　2012 年 20 个国家的综合国力分值

国家	综合国力分数
美国	78.70
法国	69.71
德国	69.31
英国	68.45
中国	66.83
澳大利亚	66.72
加拿大	66.10

续表

国家	综合国力分数
日本	65.77
意大利	64.41
西班牙	64.32
俄罗斯	63.11
韩国	62.12
巴西	60.13
沙特阿拉伯	58.66
土耳其	57.85
印度	57.77
墨西哥	57.33
阿根廷	56.03
印度尼西亚	54.73
南非	51.54

资料来源：国家统计局"世界主要国家综合国力评价研究"课题组.世界主要国家综合国力评价研究［J］.中国信息报，2015（1）.

软权力评价体系选取的6个观察指标分别为：文化基础力（安全互联网服务器占总人口的比例）、文化保障力（研发支出占GDP的比例）、文化生产力（教育公共开支总额占GDP的比例）、文化传播力（国际旅游收入占总出口的比例）、文化吸引力（国际旅游入境人数占总旅游人数的比例）、文化创新力（科技期刊文章发表数量），见表6-2。

表 6-2 标准化后的软权力评价指标

国家	文化基础力：安全互联网服务器占总人口的比例/%	文化保障力：研发支出占GDP的比例/%	文化生产力：教育公共开支总额占GDP的比例/%	文化传播力：国际旅游收入占总出口的比/%	文化吸引力：国际旅游入境人数占总旅游人数比例/%	文化创新力：科技期刊文章发表数量/篇
美国	3.840	2.698	5.195	9.058	12.110	25.830
法国	0.622	2.226	5.461	8.045	14.894	4.446
德国	2.195	2.866	4.933	3.169	5.525	6.300
英国	2.501	1.608	—	6.446	5.320	6.057
中国	0.004	1.907	—	2.300	10.487	19.841
澳大利亚	3.187	—	4.894	10.942	1.096	2.772
加拿大	2.144	1.797	—	3.755	2.969	3.593
日本	0.910	3.209	3.692	1.773	1.518	6.540
意大利	0.303	1.273	—	6.902	8.422	3.900
西班牙	0.404	1.288	4.432	14.101	10.440	3.293
俄罗斯	0.058	1.046	3.790	3.030	5.119	2.166
韩国	0.268	4.018	4.618	2.666	2.024	3.428
巴西	0.070	1.128	5.855	2.355	1.031	2.939
沙特阿拉伯	0.040	0.880	4.763	2.103	2.967	0.357
土耳其	0.224	0.920	4.419	15.359	6.485	1.703

续表

国家	文化基础力：安全互联网服务器占总人口的比例/%	文化保障力：研发支出占GDP的比例/%	文化生产力：教育公共开支总额占GDP的比例/%	文化传播力：国际旅游收入占总出口的比例/%	文化吸引力：国际旅游入境人数占总旅游人数比例/%	文化创新力：科技期刊文章发表数量/篇
印度	0.005	—	3.868	4.132	1.195	4.910
墨西哥	0.026	0.494	5.165	3.434	4.252	0.762
阿根廷	0.063	0.636	5.346	6.005	1.015	0.490
印度尼西亚	0.005	1.690	3.407	4.485	1.461	0.121
南非	0.142	0.735	6.372	9.506	1.669	0.558

自变量对应的权重如表6-3所示。

表6-3 自变量对应的权重

自变量	权重
X_1：文化基础力	0.0754
X_2：文化保障力	0.0638
X_3：文化生产力	0.1519
X_4：文化传播力	0.2422
X_5：文化吸引力	0.3613
X_6：文化创新力	0.1053

资料来源：陶建杰.十大国际都市文化软实力评析[J].城市问题，2011（10）.

国际话语权评价体系由国际政治话语权指标和国际经济话语权指标两个部分组成。❶

国际经济话语权指标根据 20 国在国际基金组织执董会的代表和投票权，以及 20 国在世界银行执董会的代表和投票权加权平均而成。

根据表 6-2、表 6-3 中的数据加权平均之后可以得到各国在世界经济类国际组织中的参与程度分值。表 6-4 中所列国家为世贸组织成员，其国际经济话语权分数如表 6-4 所示。

表 6-4　2012 年 20 个国家的国际经济话语权分数

国家	国际经济话语权分数
美国	16.250
法国	3.905
德国	4.675
英国	3.905
中国	5.270
澳大利亚	1.340
加拿大	2.335
日本	6.520

---

❶ 国际政治话语权评价指数选用说明：联合国安理会五大常任理事国评价指数为 100，联合国安理会非常任理事国（现任）评价指数为 40（2012 年），非现任评价指数为 20（2012 年），其他联合国成员国评价指数为 10。

续表

国家	国际经济话语权分数
意大利	2.840
西班牙	1.890
俄罗斯	2.690
韩国	1.660
巴西	2.235
沙特阿拉伯	2.405
土耳其	1.020
印度	2.785
墨西哥	1.745
阿根廷	0.890
印度尼西亚	0.965
南非	0.705

表6-5是自变量对应权重。

表6-5 自变量对应的权重

自变量	权重
X_1：国际政治话语权	0.6
X_2：国际经济话语权	0.4

第六章 国际事务与国际关系学教学实证探索与框架设计：软权力与综合国力的分析示范

第三节 分析结果的运用

综合国力与软权力的分析结果如表6-6所示。文化基础力、文化吸引力、文化传播力与综合国力之间的相关性sig.值分别为0.000、0.000与0.013，都小于0.05，因此文化基础力、文化吸引力、文化传播力三项与综合国力有显著相关性。

文化创新力、文化生产力、文化保障力与综合国力之间的相关性sig.值分别为0.805、0.315与0.104，都大于0.05，因此文化创新力、文化生产力、文化保障力与综合国力的相关性是不明显的。

表6-6 综合国力与软权力多元回归分析

模型	非标准化系数		标准系数	t	Sig.
	B	标准误差	试用版		
文化基础力	3.396	0.475	0.643	7.143	0.000
文化保障力	1.039	0.595	0.151	1.746	0.104
文化生产力	−0.669	0.640	−0.076	−1.045	0.315
文化传播力	−0.392	0.137	−0.248	−2.868	0.013
文化吸引力	0.876	0.145	0.579	6.026	0.000
文化创新力	0.026	0.102	0.026	0.252	0.805

用文化基础力、文化保障力、文化生产力、文化传播力、文化吸引力、文化创新力6个变量建立一个多元回归模型来预测因变量综合国力，总的来说拟合度较高。

国际话语权与软权力的分析结果如表 6-7 所示。变量软权力与国际话语权之间的相关性是显著的，相关性 sig. 值为 0.014，显著小于 0.05。

表 6-7 国际话语权与软权力多元回归分析

模型	非标准化系数		标准系数	t	Sig.
	B	标准 误差	试用版		
常量	3.725	4.382	—	0.850	0.406
软权力	13.581	4.989	0.540	2.722	0.014

用软权力变量建立一个回归模型来预测国际话语权，整体结果是显著的，整体拟合度较高。

综合国力与国际话语权的分析结果如表 6-8 所示。变量国际经济话语权与综合国力之间的相关性是显著的，相关性 sig. 值为 0.001，显著小于 0.05。

表 6-8 综合国力与国际话语权多元回归分析

模型	非标准化系数		标准系数	t	Sig.
	B	标准 误差	试用版		
常量	56.897	1.577	—	36.076	0.000
国际政治话语权	0.045	0.032	0.239	1.423	0.173
国际经济话语权	1.217	0.313	0.653	3.887	0.001

用国际政治话语权与国际经济话语权两个变量建立一个多元回归模型来预测因变量综合国力，结果是显著的。从以上的数据

分析中我们可以得出许多有启发性的结果，如文化基础力、文化吸引力、文化传播力与综合国力是显著相关的；软权力与国际话语权之间的相关性是显著的。尽管我们可以从常识中猜出结果，但通过严谨的数据来分析、论证是非常值得的尝试。

但也有我们不能从常识中得到的结果，如国际经济话语权与国际政治话语权对国际话语权的影响。从结果中我们可以看出，国际经济话语权要远远地高于国际政治话语权，也就是说国际经济话语权对国际话语权建构的影响要远大于国际政治话语权。

尽管我们所使用的模型和数据的选择也可能存在一些偏差，但基本的架构设计和自变量的选择还是能够给学生一些有益的参考，这是这一设计模式的意义所在。